図書学入門

藤森 馨

成文堂

自序

本書は第一篇と第二篇から構成されている。第一篇「概説篇」は、図書学とは、日本の図書学の歴史、中国における図書学研究のはじまり、中国における解題・分類の淵源、木版印刷のはじまり、百万塔陀羅尼、書物の装訂、書写本、版式内の名称、版心に関する用語と実例、書誌的事項の採り方や実例等を、初学者にも理解しやすいように先学の驥尾に付して執筆した。従って専門家の方々の中には物足りなさを感じられる方もあると思うが、何卒御寛恕頂きたい。

第二篇「論考篇」は旧稿の中でも大和綴に関する論考四点を掲出した。旧稿を発表した平成七年以降、諸賢より賛否両論様々な意見を頂いた。また、列帖とか列帳とか列綴という装訂用語が江戸時代には、粘葉装を指す用語であったことが近年櫛笥節男氏などの研究で明らかになった。そこで、旧稿を大幅に改稿し、この度掲出することとした。また、本文を参照していただきたいが、冷泉為満が徳川家康の御覧に備えた「三十六人歌仙」を当初筆者は後世綴葉装といわれる大和綴と推測したが、その点も改めた。

書誌学というと、どうしても国文学・歴史学に偏りがちである。しかしながら、世の中には形態について触れない研究もあるほどで、内容研究ばかりでは無く、図書のテキストとしての読み方、部位、その歴史などを中心に叙述した。先学のご教示を頂ければ、誠に幸いと思っている。

概説篇

一、図書学とは

近代以降今日まで、書物を研究する学問は書誌学といわれてきた。しかし、書誌学といった場合、歴史学や文学の補助学的な学問とされ、短冊類や古文書の一部までもが、その対象とされてきた。こうした学問傾向に対し、図書を科学的にあつかう学問として「図書学」の称呼を積極的に提唱したのが、田中敬氏と長澤規矩也氏である。図書館の世界では、レファレンスブック（参考文献）や解題、そして文献リストをも広く書誌と呼ぶ。長澤氏は、それと区別するために、図書学と称呼することを積極的に提唱している。

それにしても、図書学の研究領域は多岐にわたる。長澤氏によれば、

一、図書の定義、範囲、種類、起源、発達。

二、図書の材料、形態（大小、様式）、装訂（釘は製本工の誤用）、付属品。

三、書写及び印刷の材料、様式、方法、種類、歴史。

四、内容（的本＝テキスト）の成立（著述、編修、翻訳、図表）、種類、校訂、伝来、存亡。

五、図書の収集、保存、分散等に関する事情、方法、歴史。

六、図書館と文庫の相違、歴史、類別、建築。

七、図書整理の原理、方法、歴史。

イ選択法、ロ目録法、ハ分類法、ニ排架法

八、著作権、出版法律、販売権等、図書に関する法律規則。

九、図書を対象とする各種の企業（編修、印刷、製本、出版、販売、貸本など）

と、極めて多岐にわたる研究領域が列挙されている。そのため、書誌用語には多くの混乱が見られ、同名異物や異名同物のものが多く、ある面では日々混乱が増加していると言っても過言ではない。たとえば、世の中では本屋と書店の区別がなく、本と書の区別がない。しかしながら、本とは形式をあらわすものであって、内容をあらわす書とは異なるものである。書写本は書写したものの意味であり、書写した図書の意味ではない。この事例からも、書誌用語の混乱の一例を垣間見ることができるのではなかろうか。

幸いにも、今日における図書学（書誌学）研究の金字塔ともいうべき『日本古典籍書誌学辞典』（一九九九年、岩波書店）が刊行され、書誌用語の指標がある程度整理された。そこで本篇では、『日本古典籍書誌学辞典』や先行研究に導かれつつ、日本と中国の図書学の歴史、分類・目録の歴史・図書の形態や版式、そして書名の採り方などについて、できる限りわかりやすく、論述を進めたい。なお、★印を付してある部分は、『日本古典籍書誌学辞典』をはじめとする辞典類からの引用である。

二、日本図書学の歴史

書誌学（図書学）という学問や、その歴史について、『日本古典籍書誌学辞典』には、以下のように簡潔にして要を得た説明がされている。

★書物を研究の対象とする学。書物の概念規定、書物の材料・形態・装訂などとその変遷、書写・印刷の様式・方法の変遷、テキストの成立・伝来・校訂などから、文庫・蔵書家に及び、印刷・出版・書肆などの業にわたる。

わが国の書誌学的調査・研究は奈良・平安初の書目の編集に始まる。諸寺の蔵経目録や渡唐僧の将来仏典の目録、諸宗の枢要仏典の目録の存在が知られ、また伝来のものがある。次いで平安期に漢籍の目録として『日本国見在書目録』があり、国書の目録も作られるようになったが、代表的なものは鎌倉期の成立といわれる『本朝書籍目録』である。

各種の伝本を比較対校することは、国書・漢籍については平安末に始まるといわれる。『万葉集』の訓点研究は、平安期の古点・次点と鎌倉期のすぐれた業績仙覚の新点がある。『源氏物語』などの物語には、源光行・同親行、藤原定家、『古今和歌集』などの和歌に藤原清輔・顕昭などの研究がある。室町期の三条西実隆などの仕事も注目される。漢籍では博士家が新渡の宋刊本と対校のことがあった。

近世にあっては、天皇（後水尾天皇など）・将軍（徳川家康）・大名（徳川義直・徳川光圀・前田綱紀など）の集書・書写の業が、書誌的な検討・修練の場を作り、後期にも古書校刊に力を致した大名がある。研究は国書・漢籍両面に収集・校勘・目録・解題と、幕臣・藩儒・市井の学者により行われ、時代の風潮から漢籍研究の面に長があり、また清朝の考証学の影響が考えられている。吉田篁墩（こうとん）は書誌学の実質的な樹立者との評価がある。近藤重蔵（正斎）は幕臣で書物奉行の利を生かし、『右文故事』ほかの考証・目録などがある。狩谷棭斎（えきさい）は和漢書にわたり考証・校訂・索引編集を行い、後期の代表的存在で、その交友に市野迷庵・松崎慊堂（こうどう）ほかがいた。国書では藤貞幹の業績があるが、癖のある人物でその学には批判もある。屋代弘賢は蔵書家で諸書を編集し、その助力を得た塙保己一に「群書類従」編集の業がある。ほかに国書関係では山崎美成（よししげ）・小山田与清（ともきよ）・足代弘訓（あじろひろのり）などがいた。柳亭種彦が軟文学の書目を編んでいるのは異色で、書目にはほかに書店主作成のものがある。

明治になり欧風化の時代に国書・漢籍は軽視され、国史研究の補助学として書史学と呼ばれたり、好事家の手に委ねられた傾きがあり、改めて書誌的研究の必要が自覚され、Bibliography の訳語として書誌学の称が定まり、日本書誌学会が結成されたのも大正・昭和の交である。

図書学の我が国における歴史は、以上のように理解してほぼよかろう。

ところで、書目とは書籍目録・図書目録・蔵書目録を簡略にしたいいかたで、あるいは録・志・記・簿などともいわれ、後漢の鄭玄《じょうげん》が「三礼目録」を作製したのが用例の初出という。唐代は目録の語が用いられていたが、『宋史』の「隆安四庫書目」以降、中国では書目の名称が用いられるようになったという。

日本では、飛鳥時代にすでに仏典の目録が作成された可能性が高い。奈良時代には新たに中国から伝えられた「一切経」の目録や、その目録に準拠した写経事業にともなって各種の目録が作成されていたことが正倉院文書から知られる。著名なところでは、僧玄昉将来の『開元釈教録』(「一切経」)という経典目録にしたがって、光明皇后が発願した天平十二年五月一日経(「一切経」)についての関係資料が多く残っている。このほか外典(儒学典籍)を著録したものに、天平二年(七三〇)七月四日付の「写書雑用帳」があり、「更に請ふべき章・疏等」の文献リストに天平二十年(七四八)六月十日付けの「写章疏目録」などがある。

平安時代に入ると、伝教大師最澄の『日本国《にほんこく》求《ぐ》法僧《ほうそう》目録』や弘法大師空海の『御請来《ごしょうらい》目録』などの唐からの将来目録、『小野経蔵目録』や『平等院経蔵目録』など寺院の経蔵目録が伝存する。特に注目すべきは、藤原佐世《すけよ》撰の『日本国見在書《げんざいしょ》目録』で、今日に伝来するわが国最古の外典目録である。成立上限は、貞観十七年(八七五)冷然院罹災時、下限は寛平三年(八九一)で、佐世が勅勘のため流罪になった年と考えられている。内容は「隋書経籍志」の四部の細目によったと見られる分類目録で、四十家に分け、書名・巻数をあげ、また時に編者・著者、その他をあげている。一五八七部、一六九九七巻が著録されている。この書目により古代に伝来した漢籍が知られ、中国と日本を通じて散逸した書籍が多数収録されている。漢籍の書誌学・校勘学上価値が高いといわれている。その後院政期に律令格式関係の書目『本朝法《ほんちょうほう》家文書《かもんじょ》目録』一巻が製作された。内容は律令格式雑の五部に分かれ、後掲の『通憲《つうけん》入道蔵書目録』にもその書名が見られる。四十三部の典籍の名称や成立の経緯などが記されている。藤原信西の蔵書目録といわれる『通憲入道蔵書目録』は信西没後の書物も著録されており、疑問とされているものである。一説には平治の乱後、後白河上皇によって没収された時の書き上げともいわれている。その後最古の国書目録である『本朝書籍《ほんちょうしょじゃく》目録』がある。分類に我が国独特のものが見られ、神事・帝紀・公事・政要・氏族・地理・類聚・字類・詩家・雑抄・和歌・和漢・管絃・医書・陰陽・伝記・官位・雑雑・雑抄・仮名の二十の編目に分類し、書名をあげ、巻冊数を記し、四九三部を収録している。

さて、先にも触れたように『本朝書籍目録』は、国書のみを著録したわが国最古の図書目録である。そこで、いま少し成立時期や撰者などについて言及したい。本目録は、別名「仁和寺《にんなじ》書籍目録」「御室《おむろ》書籍目録」「御室和書目録」ともいうが、仁和寺の蔵書目録ではない。和田英松氏によれば、仁和寺に『本朝書籍目録』が伝来し、それを書写した後世の者が、「以二仁和寺本一書レ之」とあることから、仁和寺の蔵書目録と勘違いしたものであるという。また、当初書名と巻数のみが記され、著者や内容は記されていなかったが、後世加筆されたものと考えられるという。今日のように一々書物に当たって採録されたものではなかったのである。なお、その成立や編著者については、奥書に「此抄入道大納言実冬卿密々所二借賜一之本也、永正二年八月四日写之、師名在判」とあるが、山本信哉氏は永正二年（一五〇五）は永仁二年（一二九四）の誤記とした上で、建治三年（一二七七）から永仁二年の間に成立したという。こうした説を受け和田氏は写本の中で永仁とするものが三十余本で、永正とするものが少ない点と著録書物が鎌倉時代を下るものがないこと、そして滋野井実冬の官職から、弘安末年から正応の初め頃には成立していたものとしている。撰者は奥書を見る限り、実冬が撰者とも、そうでないとも特定できないとし、明言を避けている。所功氏は和田氏の学説を受け、実冬を原撰者と考えるのは困難であり、「内々借り賜ふところなり」とあることから、宮中（院も含む）の官庫にあった写本を実冬が内密に借りだし、それを中原師名に貸したことを意味するとし、原撰者は不明であるとしている。所氏によれば、本書の元になった本、すなわち藍本は一世紀あまり前に製作された〝宮中御書目録〟である可能性があるという。なお、本目録に著録されている『和漢兼作集』の成立の経緯や著者を検討し、本目録の成立について考証しているものに五味文彦氏の研究がある。五味氏は、『和漢兼作集』の著者を滋野井実冬の可能性が高いとし、本目録は実冬の父公光の目録に実冬が追記して、弘安九年（一二八六）に成立したという。つまり、本目録は滋野井家の蔵書目録であったのであるという。ただ、奥書による限り、実冬が借りたのか、実冬が中原師名に借したのかは、定かではない。また、滋野井家の蔵書目録であるのなら、なぜ『本朝書籍目録』という書名がつけられたのか、疑問もある。今後の研究を俟ちたい。

三、中国における図書学研究のはじまり

次に中国における図書学研究の歴史を考えてみよう。

中国における図書学の発展は、典籍・文書の散逸と収集の歴史に大きく関係する。戦乱や思想統制は、必然的に典籍を散逸もしくは隠匿させ、平時になって、それの収集が行われることとなる。そうした時に、整理分類が行われ、図書に関する理解が深まることとなるのである。さて、銭存訓氏によれば、周代に、中国独特の封建制度が発達すると、王室と諸侯とは、大量の文書を使用するようになり、公文書制度が確立した。春秋時代には、政治や社会において、「礼」が尊重されるようになり、儀礼の書物や歴史記録の価値が高まったばかりではなく、さらにまた、日常生活の些細な事柄にいたるまで、文字による記録が残されるようになったという。いかに公文書が多く作成されたかの一例として、『史記』晋世家第九に唐叔虞《しゅくぐ》が晋侯に封ぜられる際の説話を掲げる、

成王と、叔虞と戯る。桐葉を削り圭となし、以て叔虞に与へて曰く、此を以て若を封ぜん、と。史佚因り

て日を択びて叔虞を立てんことを請ふ。成王曰く、吾これと戯るるのみ、と。史佚曰く、天子に戯言なし、言へば則ち史これを書し、礼これをなし、楽これを歌ふ、と。是に於て遂に叔虞を唐に封ず。

さて、武王が崩じて、成王が立った。成王が年端の行かない弟叔虞と諸侯に封ずる遊びをしていた時のことである。ここからは、史官は天子の一挙手一投足を記録していたことがわかる。『礼記』玉藻第十三に、

（天子）動けば則ち左史これを書し、言へば則ち右史これを書す。

とあるが、前掲の『史記』の記事によれば、そうしたことが実際にあったことが理解される。

こうしたすべての政治的な事象の徹底的な記録化は、諸侯が会談する盟約の場でも後世への証拠として、多く作成された。こうした外交文書である盟約書を納める場所を盟府というが、これはある意味での公文書館と言っても過言ではない。また、春秋時代には、「蔵室」という図書館の雛形が存在し「守蔵室の史」と呼ばれる専門職員がいた。基本的に春秋時代の図書は、公的記録で占められており、個人の著述は少なかった。しかし、戦国時代には様々な思想家が輩出し、様々な著述が現れた。そうした著述を秦が天下を統一した後のBC二一二年、左掲のように法家思想の宰相李斯《りし》の献策を受けて、始皇帝が焚書することを命じた。

三十四年、（中略）始皇其の議を下す。丞相李斯曰く、五帝は相復せず、三代は相襲《よ》らず、各以て治む。其の相反するに非ず。時変異なればなり。今、陛下、大業を創《はじ》め、万世の功を建つ。固より愚儒《ぐじゅ》の知る所に非ず。且つ越の言は、乃ち三代の事なり、何ぞ法《のっと》るに足らんや。異時諸侯並び争ひ、厚く遊学を招けり。今天下已に定まり、法令、一に出づ。百姓、家に当りては、則ち農工を力め、士は則ち法令を学習し

て禁を辟く。今、諸生、今を師とせずして古を学び、以て当世を非り、黔首《けんしゅ》を惑乱す、丞相臣斯昧死《まいし》して言す。古は天下散乱し、之を能く一にするもの莫し。是を以て諸侯並び作り、語、皆古を道《い》ひて以て今を害し、虚言を飾りて以て実を乱り、人、其の私学する所を善しとし、以て上の建立する所を非れり。今、皇帝、天下を并せ有ち、黒白を別ちて一尊を定む。私学して相与《とも》に法教を非るの人、令下るを聞けば、則ち各其の学を以て之を議し、入りては則ち心に非り、出でては則ち巷に議し、主に夸《ほこ》りて以て名と為し、取を異にして以て高しと為し、羣下を率ゐて以て謗を造す。此の如くなるを禁ぜずんば、則ち主勢上より降り、党与下に成らん。之を禁ぜんこと便なり。臣請ふ史官の秦の記に非ざるものをば皆之を焼かん。博士の官の職《つかさど》る所に非ずして、天下に敢て詩書百家の語を蔵する者有らば、悉く守尉《しゅい》に詣《いた》り、雑へて之を焼かん。敢て詩書を偶語するもの有らば、棄市せん。古を以て今を非る者は族せん。吏の見知して挙せざる者は、与に罪を同じくせん。令下りて三十日にして焼かざるものは、黥して城旦と為さん。去らざる所の者は、医薬・卜筮《ぼくぜい》・種樹の書なり。若し法令を学ぶこと有らんと欲するものは、吏を以て師と為さん、と。制して曰く、可なり、と。（『史記』　巻六始皇本紀第六、三十四年条）

ところで、思想統制のために書物を焼くことは、必ずしも始皇帝に始まるものではない。秦では始皇帝の百数十年前に法家の商鞅《しょうおう》が時の君主孝公に「詩・書」を焼くことを進めている。また、始皇帝に影響を与え、李斯と同様荀子門下であった法家の韓非子も「法令を教えとし、先王の言葉を重んずることなく官吏が人を導くべき」と主張しており、法家の思想の底流に焚書の考えがあったことがうかがわれる。もっとも荀子は儒教の流れに属し、孟子の楽観的性善説に反対を唱え、性悪説を主張し、礼制を以て人間が悪行に陥るのを防ぐべきと説き礼学を大成したのみで、法による強制にまで及んでいない。韓非子も李斯も荀子門下に出るが、独自の学説をなしたものと見てよかろう。

焚書坑儒は図書学上大きな事件ではあったが、多くの書物が例外とされ、また秦の歴史記録と博士が所蔵する書物は、焚書の災いに遭うことがなかった。また、医薬・卜筮・種樹などの実用書も災いを免れたのである。むしろ、本当の図書の災難は、ＢＣ二〇六年秦の都咸陽が項羽によって占領され、学問に関心のなかった彼の手兵によって宮室が焼かれたときのことと考えられる。ところで、秦はその厖大な図書を咸陽宮に収蔵していた。火災予防のため石で作られた蔵書室は石室と呼ばれ、書物を置く書架は金で縁取りされていたため金匱と呼ばれ、御史が管理していた。

四、中国における解題・分類の淵源

（ａ）書籍解題のはじまり

ＢＣ二〇九年、農民暴動が起こり、秦王朝は弱体化し、その後滅亡へと向かった。ついで楚漢の戦いが起こるが、劉邦の軍勢が秦の首都咸陽に入城した時、後に宰相となった蕭何《しょうか》がいち早く秦王室の文書を押収して、施政上重要な情報を確保したことはよく知られている（『史記』蕭相国世家）。漢王朝は前代の誤りを改め、大いに典籍を収集した。このあたりの事情について「漢書芸文志」は、その序で、

戦国縦衡《しょうこう》、真偽分れ争ひ、諸子の言、紛然《ふんぜん》として殽乱《こうらん》す、秦に至りてこれを患《うれ》へ、乃ち文章を燔滅し、以て黔首を愚にす。

> 漢興りて秦の敗を改め、大に篇籍を収め、広く献書の路を開く。孝武の世に迄《いた》りて、書欠け簡脱し、礼壊《やぶ》れ楽崩る。聖上喟然《きぜん》として称して曰く、「朕《ちん》甚だ閔《うれ》ふ」と。是において蔵書の策を建て、写書の官を置き、下諸子伝説に及ぶまで、皆秘府に充つ。

と簡単に経緯・経過を説明している。

★挾書律＝秦の始皇帝が民間で医薬・卜筮・種樹の書以外の書物の所有を禁じた法律。

★蔵書之策＝竹の札（簡）、ここでは書籍目録。

右の経緯をいますこし詳しく述べると、漢代になると焚書の法を改め、書物を大いに収集しようとして献書の路が開かれた。そうした図書を保存するため、漢は都長安の宮殿の北に石渠閣・天禄閣・麒麟閣という王室図書館を建てた。宮廷内には他に、延閣・広内・秘室等の図書室が設けられた。恵帝の時挾書の律が除かれ、文帝は晁錯《ちょうそ》をして秦の博士伏生《ふくせい》について尚書を学ばせたり、また、論語・孝経・爾雅・孟子の博士を置いたりした。武帝は特に礼楽の書の損耗が甚だしいことを嘆き、徴書令を出し、書籍目録や書写の官を置き書物の収集と整理に努めた。「漢書芸文志」によれば、宮中の蔵書の総量は一万三、二六九篇に及んだといわれる。

さて、武帝の後五十年、昭帝・宣帝・学者皇帝元帝を経て成帝の時に、「漢書芸文志」に、

> 成帝の時に至りて、書頗る散亡せしを以て、謁者《えっしゃ》陳農をして遺書を天下に求めしむ。光禄大夫劉向《りゅうきょう》に詔して経伝諸子詩賦を校せしめ、歩兵校尉任宏をして兵書を校せしめ、太史令尹咸《いんかん》をして数術を校せしめ、侍医李柱国《りちゅうこく》をして方技を校せしむ。一書已《おわ》る毎に、向輒《すなわ》ちその篇目を条し、その指意を撮り、録してこれを奏す。

★謁者＝官名。賓客の接待を司る。
★光禄大夫＝官名。宮殿禁門のことを司る。
★劉向＝漢の皇族で、字は子政。本名は更生。漢書劉向伝の顔師古（唐代の学者）の注によれば、リュウショウと呼ぶ。振り仮名は「きょう」とした。楚の元王四世の子孫。その伝は元王伝の中にある。
★歩兵校尉＝官名。上林苑門の屯兵を司る。
★太史令＝官名。天文・星暦等を司る役所の長官。
★尹咸＝春秋左氏伝に詳しい学者。
★数術＝卜占の書
★方技＝医学書
★校訂＝諸本間の本文の異同を比較し、訂正を加えること。校はくらべる、訂はただすの語義がある。
（『日本古典籍書誌学辞典』）

とあるように、朝廷の書庫の蔵書が大変散亡した。そこで、陳農に命じて広く天下に遺っている書物を求めさせた。一方、劉向に命じて、朝廷の書庫に蔵された六経や諸子百家の書及び詩賦などの文学作品の文字の異同を校訂させた。同様に、武官の任宏には兵書を、太史令尹咸には数術の書を、侍医の李柱国には方技の書を校訂させた。つまり、劉向の専門としない書物の校訂は、その他の専門家が補助したのである。一書の校訂が終了するごとに向はその書の目次を定め、その書の解題＝叙録を作成してこれをその書につけて上奏した。各書に付された目次や解題を別にまとめて向の子息歆《きん》が、後に一書にしたのが「別録」二十巻である。中国史上最

古の書籍解題であり、清水茂氏は、

劉向の『別録』、劉歆の『七略』は、現在そのままの形では伝わらないが、そのすがたをうかがうようすがはある。『別録』のほうは、書物の一つ一つの解題であったらしく、現在『戦国策』『管子』『晏子』『孫卿（荀子）』『列子』『鄧析』『説苑』の各書に劉向の叙録が付けられており、これが『別録』の佚文であろうとされる。それらによると、その内容は、全書の篇目、テキスト・クリティークの経過、著者の伝記、書名の意味や著述の由来、書物の内容およびその批判、偽書の弁別、学問の流派、書物の評価である。

と、その性格について言及している。いずれにしろ、成帝の河平三年（前二十六年）に劉向が行った事業は、図書学研究の濫觴となった。こうして、大帝国の維持に不可欠な情報を系統立てて集積し、それらを機能的に分類する作業が開始されることになった。

（b）分類の淵源――七略の成立――

劉向の子歆《きん》は、父の意志を継ぎ、叙録を集めて七略という書物を作成した。これは分類の書であり、膨大な典籍がここに略と類ごとに初めて分類されたのである。その作成の事情経緯について「漢書芸文志」には、

會《たまたま》向卒す。哀帝復た向の子侍中奉車都尉歆をして、父の業を卒《お》へしむ。歆是において群書を総べてその七略を奏す。故に輯略有り。六芸略有り。諸子略有り。詩賦略有り。兵書略有り。術数略有り。方技略有り。今その要を刪《けず》りとりて、以て篇籍を備ふ。

とあり、父向の没後哀帝の命で、父業を継承し、七略の編纂に当たったことが知られる。諸書の総要即ち総論である輯略と六芸・諸子・詩賦・兵書・数術・方技の六略からなっている。後漢の班固の「漢書芸文志」は専らこの七略によっており、したがって今日でもその全体を知ることができる。どうして班固の芸文志に七略の全貌を見ることができるのであろうか。その理由について吉川幸次郎氏は、

中国の書目で現存する最古のものは、班固の「漢書」芸文志である。芸文とは、文献の意にして、つまり芸文志とは、文献に関する記録の謂いである。当時の著述の風潮としては、前人の著述をせいぜい踏襲することであった。「漢書」芸文志もこの例にもれない。―中略―たとえば「漢書」は、「史記」の文章を踏襲し、ことに時代の重なる部分は、ほとんど全く「史記」を真似ている。のみならず、最も個人の意見を尊重すべき論賛（評論）までも、「史記」をそのまま襲っている。これは班固が、無能であったのではなく、また無精をしたわけでもない。著述というものは、先人の権威ある意見を踏襲することが、通習であったためである。

と、班固の著述態度について言及しているが、従うべき見解である。『論語』巻七述而にも「述べて作らず、信じて古を好む」とあり、これについて「論語集注」が「述とは旧を伝ふるのみ、作とは則ち創始なり、故に作は聖人にあらざれば能《あた》はず、而して述は則ち賢者も及ぶべし」としているように、著述の創始は聖人にして初めて可能なことと古くは考えられていた。「漢書芸文志」が七略の踏襲をしているのも、上記のような寡欲な当時の人々の真摯な執筆態度に起因しているのである。

七略の分類の特徴について長澤規矩也氏は「一類を立てるほどではないものは、類似の一類の末に附したこ

と、同類の書物の排列順序は、ほぼ時代の先後に従ったことなどであるが、この六分類法は、校訂分担者の専門分野に基づいた学術分類で、純粋の図書分類ではない。」と簡潔に指摘している。ところで、七略のうち、輯略は序文に相当するものであったが（顔師古は書物の総要といっている）、この部分だけは「漢書芸文志」には収められてはいない。したがってその内容は不明である。

さて、ここで六芸略以下の分類の基準や性格、そしてどの略が後世の四部分類の何れに該当するかを清水・吉川両氏の説を参考に見てみよう。

六芸略は、儒家の経典を集めた部分であって四部分類の経部に当たる。経とは、人間生活の時間的空間的な規範と定義でき、それを記した書が経書である。そしてそれは他の書物とは隔絶した地位を占めている。さて、「漢書芸文志」の六芸略は、更に易・書・詩・礼・楽・春秋・論語・孝経・小学（語学）の九類に区分されている。七略では孟子は諸子略の方に分類されており、『戦国策』や『太史公（史記）』は春秋に分類されている。この二書は四部では史部に分類されるが、七略では六芸の春秋に分類されているのである。

諸子略は諸子百家の思想学説を記した書物を集めた部分で、儒・道・陰陽・法・名・墨・縦横・雑・農・小説の十類に別れるが、小説家は除かれ九類に分類されている。当時の小説は今日の小説とは相違し、雑多な記録であったため、除かれたのであろうとされている。ところで、六芸と諸子は同じく思想を説く書物であるが、前者は前述のように人間の道徳の規範の書籍と考えられ他とは隔絶した扱いを受けた。後者はいまだ規範の書とは考えられず、批判の余地があるということで、諸子としてまとめられたと考えられている。諸子略は後には子部となる。

次に詩賦略であるが、屈原賦をはじめとするものは抒情を主とし、陸賈《りくか》賦をはじめとする類は説辞を主とし、荀卿賦をはじめとする類はものの形容を主とするということで三類が立てられ、ついで雑賦（個人の名を出さない）と歌詩（うたわれている歌）都合五つに分類されている。これらの詩賦は四部分類では文学作品を収める集部にまとめられている。

以上が文化系の学術分類であるが、以下の兵書・数術・方技は前に触れたように技術書で、漢代にはこうした学問も発達するものと考えられ一部門として立てられたが、実際には発展せず、かえって漢代にはなかった史部が後世には立てられるようになる。兵書略は兵権謀（戦略）、兵形勢（戦術）、兵陰陽（戦闘に関するト占）・兵技巧（戦闘）の四類に区分されている。数術略（術数略）にはト占関係の書物が編せられており、更に天文・暦譜・五行・蓍亀《しき》・雑占・刑法に区分されている。

方技略は医学書を収め、医経・経方・房中・神僊の四類に区分されている。神僊は当時にあっては長生・養生の道であったため、医学と考えられていた。

なお、後世、上記の兵書・数術・方技は、四部分類では子部に編入されている。

（c）　四部分類

今日に至るまで広く行われている漢籍分類の四部分類は、七略成立の約三百年後、西晋の荀勗《じゅんきょく》によって作製された「中経新簿」にはじまる。

『隋書』によれば、「中経新簿」の構成は以下のようであったという。

一、甲部　六芸および小学等

一、乙部　古代の諸子、近代の諸子、兵書・兵家・術数
一、丙部　史記・旧事・皇覧簿・雑事
一、丁部　詩賦・図讃・汲冢書

こうした甲乙丙丁に分類されていた分類項目が、唐代には経（儒学の経典とその注釈）・史（歴史・地理・法律・政治）・子（諸子百家・天文・暦算・医薬）・集（文学）と確立する。「中経新簿」から徐々に唐代の分類に発展するのは、南北朝時代のことと考えられ、今日「隋書経籍志」にそうした分類の基本的枠組みを見ることができる。ところで分類項目は、部のみではなかった。部を更に詳細に分類するため、部の下位に類・属が設けられたのである。その実例を『飯田市立中央図書館漢籍目録』（和泉新氏編集、一九九八年）から抜粋して見てみよう。

経部　経注疏合刻類
十三経注疏　嘉慶三年（一七九八）金閶書業堂挹汲古閣原本重刻　二一帙一三九冊
易類
周易二巻　後藤世鈞訓点　天明七年（一七八七）京都北村四郎兵衛　刻首書本　後藤点五経之一　一帙二冊
四書類
論語之属

史部　正史類

論語古訓正文二巻　日・太宰定保校　日・太宰純訓点　宝暦四年（一七五四）刻本
天明七年（一七八七）江戸嵩山房小林新兵衛重刻　一帙一冊

合刻之属
十七史　琴川毛氏汲古閣刻本　南斉書・梁書・魏書・周書・隋書・南史・北史・唐
書・五代史欠　十九帙一六五冊
三国志六十五巻　晋・陳寿撰　劉宋・裴松之注　明・陳仁錫評　刻本寛文十年（一
六七〇）京都　山本平左衛門、植村藤右衛門同重印六帙四〇冊

子部　儒家類

議論経済之属
孔子家語
孔子家語十巻附一巻　魏・王粛撰　日・太宰純増注　文化十一年（一八一四）江戸
嵩山房小林新兵衛、尚古堂岡田屋嘉七同刻本　一帙五冊
先秦
荀子二十巻　唐・楊倞注　延享二年（一七四五）京都葛西市郎兵衛　拠世徳堂刻本重
刻　二帙十冊

集部　楚辞類

楚辞十七巻楚辞音一巻（王注楚辞）漢・劉向輯　漢・王逸章句　寛延三年（一七五

別集類

○）崇文堂前川六左衛門刻本　一帙三冊
楚辞集注八巻後語六巻　宋・朱熹撰　刻本慶安四年（一六五一）京都村上平楽寺重印　一帙六冊

漢魏六朝之属
諸葛丞相集四巻　蜀・諸葛亮撰　清・朱璘纂輯　康熙三七年（一六九八）古虞朱氏万巻堂刻本　一帙四冊

★重印本　じゅういんぼん
漢籍の書誌用語。以前使用された修訂のない版木を用いて、改めて後に印刷された本。後刷（あとずり）の何回目か明らかでないものを、広く重印本と総称する。後印本と一見まぎらわしいが、後印本の方は、重印本のうちの早く出たと思われる早印本に対して、後に印刷された本のことである。（『日本古典籍書誌学辞典』）

★重版本　じゅうはんぼん
二度目以降の版次による印刷発行書物群の総称。最初の版次による初版本に対していう。改刻誤刻等によって初版本と本文が異なりやすく、一般に軽視されがちである。また表紙の色や紋様等が異なる場合も少なくない。俗間では初版と同版の重印本をも指すことがあるが正確ではなく、版次と印次は区別する。多くは整版の場合を指し、重刊本、重刻本、また単に重版ともいう。同種活字の組み替え活字版の場合は、別に異植字版と呼ぶことが多い。（『日本古典籍書誌学辞典』）

★合刻本　がっこくぼん

二、三種の本が互いに軽重の別なく、まとめて出版されたもので、主として木版本についていう。（『日本古典籍書誌学辞典』）

五、木版印刷のはじまり

書籍は、伝来の過程で、書写者による文字の異同が生ずるのは避けがたいことである。こうした事態は版本の出現以前には常に起こったことであり、異本を集め校訂する必要が生じた。宮中の蔵書を校訂するものは、劉向以後も各時代に出現し、『後漢書』を撰した班固も後漢の時代にそうした事業に従事した人物の一人である。中でも後漢の蔡邕《さいよう》は、熹平四年（一七五）に、儒教経典の校訂を皇帝に上奏し、その結果を石に彫り、都洛陽の太学の門外に建てさせ、これを政府公認の標準テキストとした。こうした石に彫られたテキストを石経という。こうした経書の校訂は科挙の成立とともに必要の度合いを増し、顔師古が唐初には校訂に従事している。

★石経「せきけい」とも「せききょう」とも読む。シナで漢代に経書の文字を石に彫刻して、正しい本文の基準を示したもの。その拓本により経書の本文を校定する。唐代開成に刻された石経十二経は後まで残存し、清の万斯同の石経考等がある。（川瀬一馬『日本書誌学用語辞典』、雄松堂書店、一九八二年）

★石経　せきけい

石碑に刻した儒教の経典。儒教は新の王莽（在位八～二十三）を経て、後漢に至り、国教化された。その間、伝写の間に、テキストの異同が発生していたので、恒久的かつ正確な本文の保存を目的として作製された。印刷発明以前の中国学術上の大事業といえる。（後漢）熹平石経、（魏）正始石経、（唐）開成石経、（五代）後蜀成都石経、（北宋）嘉佑石経、（南宋）高宗御書石経、（清）乾隆石経の存在が知られている。以上のうち、開成・乾隆のものだけがほぼその全貌を遺している。また、儒教の経典のほかに、道教・仏教の経典石刻資料を指すこともある。前者の石碑では、唐景竜二年（七〇八）道徳経碑、後者のものでは、同じく唐代の房山雲居寺の石経がよく知られている。（『日本古典籍書誌学辞典』）

正確な本文保存のために作製された石経は思わぬ副産物も誕生させることとなった。トーマス・カーター氏は、『後漢書』に石経を「正確に写し採ろうとする人々が極めて多く」とある記事を、中国でこれを摺拓と理解していることに疑問を呈している。しかし、唐の太宗（六二七～四九）の時代の拓本が存在することから、早くに摺拓が行われるようになり、石刻による石経は木版印刷の魁となったとしている。ところで今一つ印刷術開始について視野に入れなければならないものがある。それは印章である。印章は秦・漢の古代から使用されてきたが、陰刻・陽刻二様があり、石経とは相違し携帯に便利であった。特に道教や仏教の護符製作に利用され、日本の天平宝字八年（七六四）の百万塔陀羅尼の製作から類推して、中国では唐代に木版印刷が開発されたものと考えられる。考えられるどころか、百万塔陀羅尼より遅れるが、唐で製作された暦書や字書・韻書があったことが確認されている。また、トーマス・カーター氏は、スタインが敦煌から咸通九年（八六八）に製作された「金剛経」を一九〇七年に、発見したことを紹介している。ところで、その「金剛経」よりはやい印刷物が目録上とはいえ、確認されている。入唐僧宗叡が咸通六年（八六五）に作成した『新書写請来法門等目録』に、書写本の他「西川印子『唐韻』一部五巻、同印子『玉篇』一部三十巻」と、印本が見られる。この印刷術の発明は、「七章」で述べるように書物の形態も大きく改めた。版木の大きさは、紙の大きさも決定し、巻子本から粘葉装と我が国で江戸時代に称呼される粘合の冊子を生んだのである。

経書が刊行されるのは五代の後唐の時代である。長興三年（九三二）に国子監に命じ、『易』・『書』・『詩』・『礼記』・『春秋左伝』が刊行された。その後、この事業は四王朝に継続され、『周礼』・『儀礼』・『春秋穀梁伝』・『春秋公羊伝』が出版された。

六、百万塔陀羅尼

つぎに、印刷された年代が記録に残る現存最古の印刷物百万塔陀羅尼について検討してみよう。『日本古典籍書誌学辞典』を見てみると、左のようにある。

★百万塔陀羅尼　ひゃくまんとうだらに

称徳天皇が天平宝字八年（七六四）の藤原仲麻呂の乱の戦没者を弔うため制作した木造三重小塔（百万塔、総高二十一、五センチ）の中に納められた版本の『無垢浄光経』の四種の陀羅尼。韓国の仏国寺で発見された陀羅尼と並ぶ世界最古の印刷物のひとつ。百万塔は十大寺に各十万基を納めたと言われ、これを安置した小塔院の名が東大寺・西大寺などの記録に見られるが、今日では法隆寺に遺品が残るだけである。百万塔は　塔身部（塔の本体）と相輪部を組み合わせて造られており、法隆寺には塔身部四万五千七百五十五基、相輪部二万六千五十四基が残っている。陀羅尼は塔身部を縦に穿った孔に納められていた（相輪部が蓋になる）が、現在は抜き出された状態で約四千点が伝わっている。

「無垢浄光経」の陀羅尼には「根本陀羅尼」「相輪陀羅尼」「自心印陀羅尼」「六度陀羅尼」の四種があり、それぞれに長短二種の版がある。「根本陀羅尼」の長版にはさらに異種の版があるので、計九種類の版になる。料紙はほとんどは黄蘗（きはだ）染めの麻紙で、厚手と薄手がある。紙の天地幅にはばらつきがあるが、平均は五・五センチほど。一枚の紙（二紙を継いだ場合もある）に幾つかの版を上下に並べるような形で摺り、そののち紙を横に裁断したと考えられる。誤って経文の一部が切り取られ、別の陀羅尼の上端または下端に文字の一部がのぞいている場合もある。巻子の形に巻いてあるが、軸はない。巻いたあと、包紙で包み、糊で封じている。摺り上がりの状態は多様で、墨付きの良いものもあれば、かすれているものもある。摺り上がりの悪いものは肉筆で文字を補っている場合がある。墨のにじみは巻首と巻尾に多く、紙の上下で墨の付き方が異なるものもある。摺り面は紙の表の場合と裏の場合がある。「公」「甲」「丈」「十」「万呂」などの奥書をもつものがあり、制作に関与した人名を略記したものと考えられる。「公」は「根本陀羅尼」の長版にのみ、「甲」は「相輪陀羅尼」の長版にのみ、「丈」「十」は「相輪陀羅尼」の短版にのみ、「万呂」は「自心印陀羅尼」の短版にのみ見られる。「有万呂」「正生字」「十月十九日川上了」などの端裏書きをもつものもある。墨書の陀羅尼も四点含まれている。百万塔陀羅尼の版が銅版か木版かについては、いまだ結論が出ていない。

孝謙天皇は草壁皇子の皇統を継承するため、女性初の皇太子となり、やがて即位した。しかし実権は母である藤原光明子と従兄弟である藤原仲麻呂に掌握されていた。年老いた母の介護のためという理由で、皇位を天武天皇の血を引く淳仁天皇に譲った。淳仁天皇は仲麻呂の傀儡《かいらい》となり、道鏡の看護で体力を回復した孝謙上皇は仲麻呂と鋭く対立し、天平宝字八年（七六四）遂に近江の国で仲麻呂を敗死させ、孝謙天皇は称徳天皇として重祚し、淳仁天皇を廃して淡路国に配流とした。この乱の勃発後六年経過した時、その供養のため、

宝亀元年（七七〇）四月戊午、初め天皇（称徳）、八年の乱平きて、乃弘願を発して、三重の小塔一百万基を造らしむ。高さ各四寸五分、基の径三寸五分。露盤の下に、各根本・慈心・相輪・六度等の陀羅尼を置く。是に至りて功畢りて、諸寺に分かち置く。事に供る官人已下仕丁已上一百五十七人に爵を賜ふこと各差あり。（『続日本紀』）

と、称徳天皇が陀羅尼を入れた三重の小塔を諸寺に寄進したという。『東大寺要録』によれば、具体的には東大寺・西大寺・元興寺・薬師寺・興福寺に寄進されたと記されている。

ところで、『日本古典籍書誌学辞典』にもあるように、その版は木版か、銅版か、未だ決着が付いていない。しかしながら近年、銅版の鋳造実験が行われ、以下の結果が出た。

一、砂鋳型による方法でも、百万塔陀羅尼サイズの鋳造は可能であったと推定される。

二、文字を浅めに彫った版木を父型として用いたため、鋳型（母型）として砂に文字が深く残らず、鋳込んだ際、文字がつぶれてしまう可能性もあったが、結果としてはほぼ精巧に文字面が鋳造された。

三、木版説の根拠ともなっている、文字の羽の鋭い切り込みについても潰れることなく鋳造された。

四、父型の厚さを十三ミリとして鋳造したが、さらに薄く鋳造することで、銅版を軽くすることもできる

図①　「百万塔陀羅尼」

（長澤規矩也著『図解 書誌学入門』《図書学参考図録入門篇 4 》77頁（汲古書院、昭和51年））

（東日本金属株式会社談）。

五、銅版のサイズは、鋳造後に真鍮が縮んだことによって、父型となる木版のサイズより、天地約一・三ミリ、左右約八ミリ縮小された。

この実験で、木版印刷の特徴と考えられていた特徴が必ずしもそうではなく、銅版でも「文字の鋭い切り込み」を印刷することが可能であることが解明された。分量から推して、銅版であった可能性も高くなったのである。

七、書物の装訂

(a) 簡策《かんさく》

紙が発明される以前、殷周時代から存在した書物の形態は、簡策と呼ばれるものであった。簡とは竹の札のことで、一枚のものを簡といい、麻糸もしくは絹糸で簡が編まれたものを策というといわれているが、簡も策も同様であるという説もある。一方木の札は、方とか、版とかいった。漢代には多数の木片で製作された木簡が存在していた。

杜預の「左氏伝序」には、「大事はこれを策に書き、小事は簡牘《かんとく》のみ」とあり、孔穎達の「左伝疏」には、「単に一札を執るこれを簡といふ。諸簡を連篇するを、すなわち、名づけて策となす」とある。こうしたことから陳国慶氏は、簡であろうと、策であろうと、版であろうと、方であろうと、

文字を一塊の竹片または木板の上に書きつけたものであって、その後で一つながりのものに編綴される

と、一つの策（冊）ができあがるのである。

と述べている。妥当な見解であろう。漢代の簡策は最長のものが経書の書写に用いられたもので二尺、その次が一尺五寸、さらにそれに次ぐものが一尺、一番小さいものが五寸であった。なお、法令は三尺の簡に書かれた。一つ一つの簡に書かれる文字の数は一定していないが、八字のものや三・四十字のものもあった。「漢書芸文志」書条に、

劉向中なる古文を以て欧陽大小夏侯三家の経文を校するに、酒誥の脱簡一、召誥の脱簡二あり、率ね簡二十五字なる者は、脱亦二十五字、簡二十二字なる者は、脱亦二十二字、文字の異る者、七百有余、脱字数十あり。

とあるように、二十字前後が一簡に記されていたようである。おおよそ百字以上のものは簡策（冊）に記され、それ以下のものは木版に記されていたと考えられている。こうした簡策は絹糸・麻糸によって編綴されていた。このことは『史記（孔子世家）』の、

孔子晩にして易を喜び、易を読んで韋編三たび絶ゆ。

や、劉向の『孫子』別録の「孫子の書殺青《さっせい》の簡を以てし、編するに縹絲縄を以てす」という記事、そして晋の「中経新簿」の作者荀勗の「古文穆天子伝序」の、

古文穆天子伝序は、大康二年（二八一）汲県の民不準古塚を盗発し、得るところの書なり。皆竹簡にし

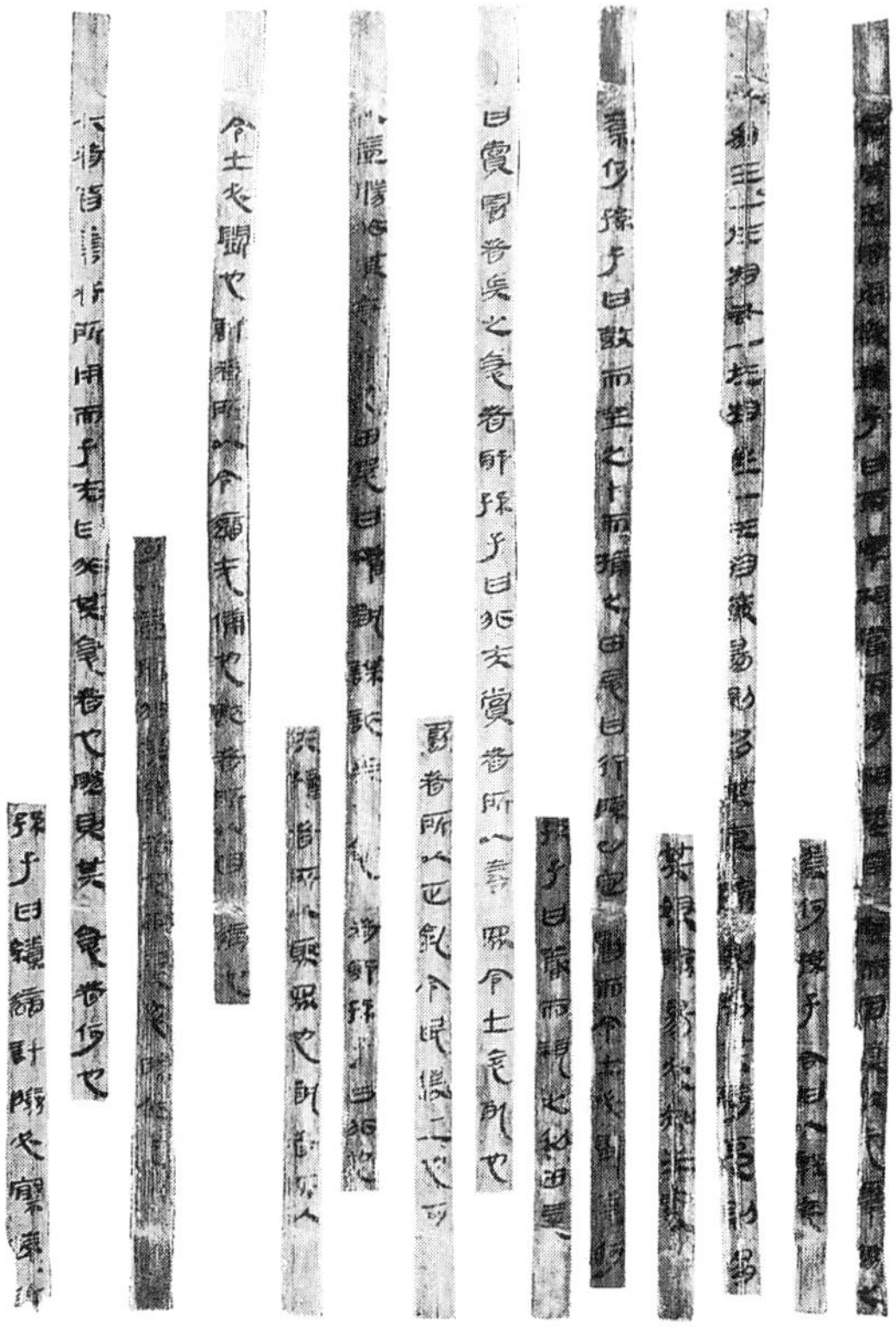

図②　「銀雀山出土漢代竹簡」
（長澤規矩也著『図解 書誌学入門』《図書学参考図録入門篇 4 》30頁（汲古書院、昭和51年））

て、素糸にて編す。

という記事から窺知される。ところで、簡の作製方法であるが、後漢王充の『論衡』量知編に、

竹を截ちて筒となし、破りて以て牒と為す、筆墨の跡を加へ、乃ち文字となす。大いなるものは経と為し、小なるものは伝記と為す。木を断ちて槧となし、これを析きて板と為し、力めて刮削を加へ、乃ち奏牘と成す。

とあるので、竹を切って筒を作り、その筒を割って牒としたことがわかる。また、丸木を切って木材とし、これから平たい板である版を作り、表面を鉋で削って滑らかにし、上奏用の牘を作製したことがわかる。竹簡と木簡をあわせて簡牘というが、先秦時代から紙が普及するまで図書の主要な形態であった。近年の簡牘発見では湖北省荊門市の包山（一九七八年）や郭店（一九九三年）の戦国中期楚墓からの竹簡出土が知られている。

（b）帛書《はくしょ》

帛書とは絹布に書いた図書のことをいう。先に言及した簡策にしろ、帛書にしろ、致命的な欠陥があった。

古より書契は、多く編するに竹簡を以てす。その縑《きぬ》を用ふるものは、これ謂ひて紙となす。縑は高くして簡は重し。並びに人の便ならず。（『後漢書』巻七八蔡倫伝）

と、あるように帛書は絹のため高価であり、簡策は竹の束であったため重かったのである。（c）で少し触れるが、蔡倫の紙の改良はこうした問題を解決する大発明であったのである。

さて、帛書は、書き終わった後にぐるぐると巻いたといわれているが、考古遺物として発見されたものをみてみると、畳まれたものもある。しかし巻くとなると芯がなければ容易には巻けない。この帛書の保存のため、一般に巻物といわれる巻子本が副次的に成立したといわれている。持ち運びに便利であるが、高価な絹布は豪華本として、または図をともなう図書に用いられた。このことは「漢書芸文志」に書名の後につく簡策には「篇」、帛書には「巻」が用いられていることから推測される。たとえば『易経』十二篇とあり、豪華本と考えられる『公羊伝』には「巻」が用いられている。遺品は一九七二年に馬王堆から『老子』・『戦国策』などが発見されている。

（c）巻子本《かんすぼん》・折り本（帖装本《じょうそうぼん》）

紙は後漢の和帝の元興元年（一〇五）に、蔡倫によって開発されたと『後漢書』に見える。しかしながら今日、前漢時代の紙が多く発掘されており、武帝の時代には植物繊維の紙が使用されていたことがうかがわれる。蔡倫の紙の発明は、麻の原料の他、樹皮を新たに採用し、より書写に適し、廉価な紙を開発したことを意味しているのであろう。ともあれ、紙の発明により紙が竹に取って代わった。その装訂は基本的に簡策の形式をおそったものである。先ず巻子本が開発された。いわゆる巻物で、料紙を右を上に左を下に何枚も継いで長くしたものである。末端に軸を付けて巻き込み、巻首に表紙を付けて表紙の始めに包み込まれ、「押さえ竹」（八双ともいう）に付された紐で巻きとどめる。継ぎ目裏には印を押したものを印縫といい、花押をしるしたものを款縫という。これは糊が剝がれ散失することを防ぐために施されたものである。巻子本は確かに本のかたちの基本であるが、読んだ後に巻き戻すのは容易ではない。そこで、巻子本を端から一定の幅にたたんだ折り本が開発された。今日でも、仏教の経典によく用いられるかたちである。これを折り本とか帖装本とかいう。この折り本が成立して、巻き戻すことを気にせずに書物を開巻することができるようになった。科挙の試験が盛行するにともない、粘葉装が開発される以前、印刷本の装訂として用いられた。なお、八双は我が国近世の袋綴線装本の表紙左に一本の線として形式的に残った。江戸時代前期のものにまでみられるというが、時代の特定はまだ行われていない。今後の研究を俟《ま》ちたい。

（d）粘葉装

糊を使用した装訂は、近世以来一般に粘葉装と呼ばれる。わが国に伝存する最古の粘葉装の遺品は、仁和寺所蔵の空海の国宝『三十帖冊子《さんじゆうじようそうし》』である。わが国真言宗の開祖であり、三筆の一人である空海と、その友人であるやはり三筆の一人橘逸勢《はやなり》が一部分を書写しているため特に珍重された。空海は、これを東寺の経蔵におさめ、空海の後継者実恵・真済は、経蔵外への持ち出しを厳しく禁じた。しかし、空海の弟で清和天皇の信任のあつかった真雅の代に経蔵から持ち出され返却されなくなってしまったのである。真雅は弟子の真然に返却を命じておいたが、ついに返却されることはなく高野山の経蔵に納められた。観賢は当時の高野山座主無空に返却を求めたが、冊子は一時散失してしまったのである。これを憂いた醍醐天皇の勅命により、無空の弟子たちは冊子を東寺長者観賢のもとにすべてを持参することとなったのである。その詳細は醍醐天皇の日記延喜十八年（九一八）九月十八日条に詳しい。その後、源平の争乱がようやく終息した文治二年（一一八六）、後白河法皇の皇子である仁和寺の守覚法親王が借覧を請い、以後同寺に架蔵されることとなった。『三十帖冊子』は単なる粘葉装の遺品としての価値ばかりではなく、広く日本文化史上の価値も有するものである。

さて、粘葉装は、印刷の場合は、中国では一枚の料紙の表面のみに印刷し、それらを谷折りにして重ねそろえ、次々に糊で粘合してある。粘合方法は、中国伝来の物は書背のみに糊がつけられ、一方日本の物は糊代三～十ミリぐらいの幅で糊が付けられている。したがって、わが国の粘葉装は、中国のものに比べ堅牢であると思われる。こうした装訂を藤貞幹は、その著『好古小録』の中で、中国明代の辞書『通雅』及び『疑曜』の説を受け、「粘葉ハ胡蝶装也」と断言している。したがって、粘葉装は中国名を胡蝶装といい、両者は異名同物と考えてよかろう。宋代に盛行した装訂である。ところで、粘葉装の別名は胡蝶装だけではない。吉田篁墩は、『近聞寓筆』の中で、粘葉装の別名を、按ずるに、粘葉は毎葉糊をもってその脳を粘ず、畳摺して冊となす、今これを列綴という。と、「列綴」といっている。つまり、粘葉装は中国名を胡蝶装といい、日本では別名列綴ともいったということになる。

さて、粘葉装の異名は右三種にとどまらない。近年、さらに別名があることが報告された。前田育徳会尊経閣文庫所蔵の三条西家旧蔵の『二中歴』は粘葉装である（『尊経閣善本影印集成一六『二注歴』、八木書店、一九九八年）。こうした装訂を、篤学の大名前田綱紀は、「れつちやう閉」と呼んでいる。「れつちやう閉」とはどういう漢字が当てられるのか定かではないが（ちなみに影印本の解説には「列帖閉」と記されている）、粘葉装の別名ということになろう。

ところで、糊を使用しているという点から見ると、粘葉装に近似するものに、列帳閉という装訂用語が報告されている。藤本孝一氏の『古写本の姿』の「装訂方法―冊子装」の「列状装」には、

「れつじょう」の音は、綴葉装の古語である「列帖装」と間違えやすいが、あえて「列状」の字を当てた。それは、平安時代後期書写『師大納言集』一帖（冷泉家時雨亭文庫蔵、重要文化財）にある注目すべき注記による。本帖は、藤原経信の私家集で、もと羅が貼られた包表紙の粘葉装である。糊離れでバラバラになったものを仮に線装綴（後述）にしている。綴糸に紙捻がくくり付けてあり、その下部を広げたところに「元列帳閉ノ本也、離散せしむるにより、絲を以て仮に之を綴ず（原漢文）」（東京国立博物館の平成十四年新指定展示による）と為久の修理銘が墨書されている。「もと〈列帳閉〉の本であったけれども、糊の力がな

くなり離散してしまったために、糸を持って仮に綴じた」の意味である。この「列帳」という記述を粘葉装と即断するのは危険である。「列」は、列ねるとか、並ぶ意味で一丁一丁が列なることを指している。
これらのことから一枚重ねの装訂を「列状装」ということにする。

とある。藤本氏は、列状装と粘葉装の混同を戒めているが、江戸時代中期の冷泉家の当主為久の粘葉装『帥大納言集』一帖の修理銘に見られる「列帳閉」という装訂用語は看過できない。それは前田綱紀が粘葉装を呼んだ「れつちやう閉」の漢字表記である可能性が高いからである。もし、この推測が正しいとすると、「列帳閉」は粘葉装の別名ということになろう。綴葉装＝大和綴の別名列帖装は、呼び名が近いことから再考の必要があるかもしれない。さて、そうすると、糊を用いたいわゆる粘葉装の装訂名称は、

粘葉装・蝴蝶装・列綴・列帳閉

以上があるということになる。

粘葉装が、損壊した時に、谷折りを山折りにし、紙縒などで下綴すれば、容易に、袋綴となる。それをさらに一枚の紙で、糊を用いて書背からくるめば、包背装になる。我が国の五山版に包背装の遺品が多いのも、また敦煌文書の遺品中に袋綴の包背装が見られるのも、右のような事情があったためと推測される。つまり、今日見られる袋綴の四ッ目綴（中国名線装本）が成立するには、粘葉装という装訂を、その前提としなければならない。しかしながら、数枚の折った料紙からなる帖葉を糸で綴じる列帖装（大和綴・中国名＝縫綴）を、「（e）」大和綴でやや詳しく述べるが、中国の研究者は、今日の線装本の淵源という。だが、構造上そうとは考えられない。

ところで、粘合するための糊の成分は何であったのであろうか。『好古小録』所引の「疑曜」の「王古心筆録」には、「老僧永光なるもの有り、古心に相逢ふ。僧に問ふ、前代の蔵経の接縫線のごとく、日久しくして脱せざるは何ぞや。光云く、古法楮汁・飛麪・白及末三物を用ひ、調和して糊のごとく紙を粘す。永しへに脱落せず、堅きこと膠漆の如し、」と見える。楮汁は楮樹の樹液、飛麪はムギコの粉、白及は香草で何れも植物である。この三種を調合すると、膠漆のように堅固になるという。

（e）大和綴（葉子・縫綴・縫績・大和綴・列帖装・綴葉装）

さて、大和綴（表紙の右隅上下二カ所をリボン結びにした結び綴ではない）・綴葉装・列帖装と称呼される装訂で仕上げられた図書は、中国でも発見されており、唐代から五代頃には大陸に存在していたことが確認されている。図③の和泉新氏提供の敦煌から発見された『金剛般若経』と、図④國學院大學図書館が所蔵している『親行本　新古今和歌集』（貴―十五～十六）を参照していただきたい。その装訂上の特徴は、料紙を何枚か重ねて一帖とし、これを重ねたまま二つ折りにして帖葉を作り、この帖葉の内面の中心（谷折り部分）に上下二箇所の穴を開けて糸を通し、さらに帖葉数括りを重ね合わせて糸で綴じたところにある。糸は全て内側で処理されているため、表紙上には見えない点も特徴で、書背から見ると、あたかも帖葉数括りが重なっているように見える。こうした装訂は、両面書写の遺品が多いことから、元来書写用の冊子として開発された可能性が高い。唐末五代に印刷術が開発され、隆昌するようになると、印刷の面付が煩雑であるため、印刷に適合しないがゆえに、徐々に淘汰されていったものと思われる。一方、書写時代が長かった日本では、この装訂は和歌集

図③　『金剛般若経』
（和泉新氏提供）

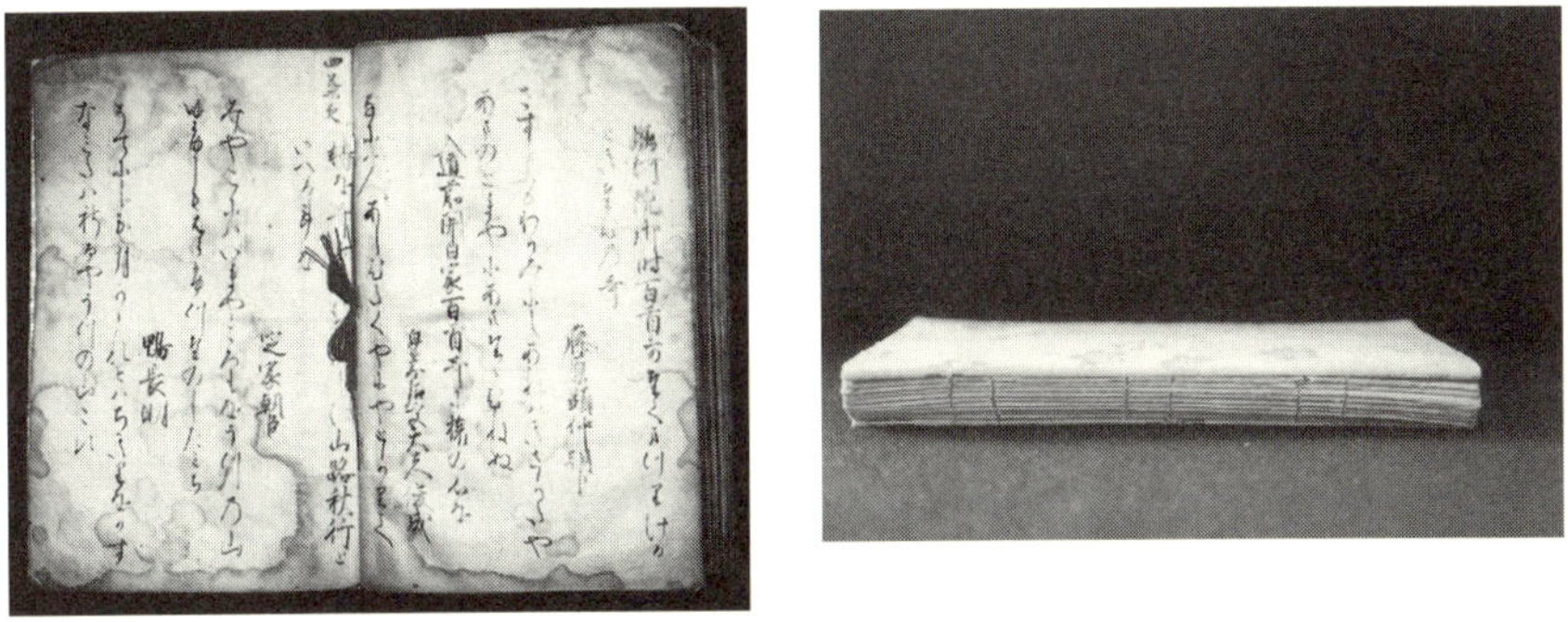

図④　『親行本　新古今和歌集』
（貴一十五～十六）（國學院大學図書館所蔵）

や歌物語などいわゆる仮名物の作品に採用され、近代に至るまで、この装訂で仕上げられた図書は多い。『枕草子』の「薄様のさうし、むら濃の糸して、をかしくとぢたる」は、この装訂の綴じ方を伝えているとも考えられている。

実際、現在のところ、中国で発見されたものは何れも考古学的遺品である。田中敬氏は中国での遺品の発見件数が少ないことと、糸のかがり方が相違している点などから、大和綴とは相違するという見解を示されている（今日の研究者の中にも、そう見る向きは多い）。しかしながら、ロンドンのBLやパリのB

Nに架蔵されているこうした形式で装訂された十数点の典籍を調査された仲井徳氏は、

綴葉装は日本独自の装訂ではなく、一〇世紀、五代の頃には既に中国で発明されていたことになり、大和綴という名称は似つかわしくない。

と、明言されている。

ところで、日本で大和綴・綴葉装・列帖装と呼ばれる装訂が、中国宋代に盛んであったことを覗わせる記録が残されている。宋代に活躍した王洙（九九七～一〇五七）は、「汎覧博記、図讖算数音律訓詁篆隷の学に至るまで、通ぜざるところ無し」といわれ、官吏としても学者としても高名な人物であった。この王洙がその著『王氏談録』の中で、書籍の装訂の優劣について、以下のように述べている。

公言く書冊を作るには粘葉を上となす、歳久しく脱爛すといへども、かりそめにも逸去せず。其葉第を尋ぬるに、抄録次叙すべきにたる。初め董子繁露《とうしはんろ》数巻を得たり。錯乱顚倒し、伏して讀むこと歳余、綴次を尋《たず》繹ね、方に稍く完復す。乃ち縫綴の弊なり。嘗つて宋宣獻とこれを談ず。公其の家に所録する書を悉く粘法に作ることを命ず。

王洙によれば、当時書籍の装訂には粘法（粘葉）と縫綴などがあった。書籍の装訂には粘法が最上で、「歳久しく脱爛《だつらん》すといへども、かりそめにも逸去せず。其葉第を尋ぬるに、抄録次叙すべきにたる」という長所を持っていた。一方縫綴は、一度綴糸が切断されると「錯乱顚倒《さくらんてんとう》し、伏して讀むこと歳余、繹《こと》を尋ね綴次し方に稍く完復す。乃ち縫綴の弊なり」という短所があり、復元が困難であるという。そうした書籍の装訂について、王洙が宋宣献と論談した時、王洙はその蔵書を悉く粘葉に改めたという。

この王洙の説に依拠し、粘法の優れていることを主張したのが、十二世紀初頭の宋代の人張邦基である。彼はその著『墨荘漫録』の中で、縫綴を縫繢と表記し、王洙の言をひいて、縫繢という装訂の粘法に劣る点を指摘し、宋代に粘葉装が書物の装訂の主流になりつつあったことを伝えている。

こうした装訂は、上記のように、中国では宋代に葉子（『帰田録』）・縫綴（『王氏談録』）・縫繢（『墨荘漫録』）と呼ばれていたものと考えられ、江戸時代後期の儒学者であり、書誌学者である吉田篁墩は、その著『近聞寓筆』の中で、

縫綴《ほうてつ》、今これを大和綴という。けだし上半は首葉に属し、下半は末簡に属す、一たび縫断いたさば、錯乱もっとも甚だし。

と早くから、中国名「縫綴」という装訂が、日本名「大和綴」であることを明らかにしている。そこで、こうした装訂の中国名及び日本名を以下に列挙すると、

葉子・縫綴・縫繢・大和綴・列帖装・綴葉装

ということになる。以上は異名であるが、料紙を何枚か重ねて一帖とし、これを重ねたまま二つ折りにして帖葉を作り、この帖葉の内面の中心に上下二箇所の穴を開けて糸を通し、さらに帖葉数括りを重ね合わせて糸で綴じた装訂と考えられる。なお、こうした装訂を「蝴蝶装」と称呼するむきもあるが、前章で触れたように胡蝶装は粘葉装の中国名であるから、誤認と考えられる。

これまでの考察から、中国宋代に「縫綴」及び「縫繢」と呼ばれた書籍装訂が、今日列帖装・綴葉装等と称

呼される装訂であったことが明らかになった。それでは、こうした装訂は我が国では、どのように称呼されていたのであろうか。結論から言えば、田中敬氏が、はやくに指摘しているように「大和綴」と江戸時代には呼ばれていたようである。何故こうした称呼が発生したのであろうか。その理由は、室町時代に後世和装本装訂の主流になる糸綴の線装本が舶来され、同じく糸綴とはいえ、それとは異なる今日綴葉装とか、列帖装といわれる装訂が、古くに舶来されたことが忘れられ、我が国独特の装訂と誤解されたことに起因していると推測される。この後、線装本は唐綴と称呼され、それに対置する装訂用語として列帖装は大和綴と称呼されたものと思われる。

大和綴という称呼は、いかにも典雅で古風な響きを持つものであるが、上記の事実を裏付けるかのように平安時代や鎌倉時代の古記録に見出すことはできない。山本信吉氏が指摘しているように、平安時代の『小右記』(藤原実資著)や『権記』(藤原行成著)に「葉子」とみえ、『紫式部日記』には「冊子」とみえる。また、『源氏物語』には「草子」という装訂用語がみられるが、大和綴という用語はみられない。料紙や綴紐(糸)、そして表紙に関する記述などから同様の装訂と考えられるが、その装訂名称はみられない。

ある面「策子」や「冊子」という称呼は、冊子体であれば、糊で粘合された粘葉装にも、室町時代後半から大和綴と称呼される糸綴のものにも、何れにも用いられていた可能性が高い。江戸時代に至っても書誌用語の混乱がみられる。古代や中世においては、なおさらのことであったろう。その遠因は、実はこのあたりにあったのではなかろうか。むしろ、書物の装訂に厳密さが求めるようになるのは、かなり時代が降ってからのことであると考えたほうがよかろう。

大和綴という称呼は、天文九年(一五四〇)に成立した『守武千句』の、

ふる双帋をばいづちさだめん　葎生《むぐらおふ》る宿はからとち大和とち

という句に見られる「大和とち」という記述が、最古の初見記事であるといわれている。しかしながら、この句から、具体的な装訂方法まで類推することは困難である。確実なのは、伊勢神宮内宮の神官であり、連歌・俳諧に造詣の深かった荒木田守武（一四七三〜一五四九）が生存した室町時代後期には、唐綴・大和綴両様の装訂方法があった、ということである。

だが、当時、後世綴葉装とか列帖装とかいわれる装訂が、大和綴と称呼されていたであろうことを類推させる史料が存在しないわけではない。國學院大學図書館には室町時代末期の書写になる『新古今和歌集』二冊（貴―一八六二〜一八六三）が、架蔵されている。表紙左上の題簽に「新古今和歌集上（下）」とあり、巻頭には「新古今和歌集（抄）」巻第一」とある。寸法は縦二三・三糎、横一六・〇糎。上冊・下冊ともに料紙は斐楮交漉で、装訂は綴葉装（列帖装）である。表紙は淡茶色艶出で、上下冊ともに前二葉・尾三葉の遊び紙がある。この『新古今和歌集』下冊の享禄五年（一五三二）の年付けのある書写奥書によれば、

右両冊石摺唐紙二枚合表裏一行常
鳥子四半切大和閉之、勢分羽子也、今河五郎氏輝
秘蔵、逍遥院被加證明、一見之次校合、宗長所々
助成之、仮名如御奥書被切出歌同詞等
相違朱引之、異本之勘失宸筆分者加朱

点、一本又令書写、尤可為證本、于時享禄第五
暦重陽記之畢、　　泰昭印

とあるように、本書の底本は駿河国の戦国大名今川義元の兄今川五郎氏輝秘蔵本で、それは大和閉で装訂されていたという。ところで、「大和閉之、勢分羽子也」という文言は、何を意味しているのであろうか。もし、大和閉（綴）で装訂されている本書の装訂上の特徴を表記しているのであるとすれば、見開きの状態が蝶の羽を広げたところに似ているために、後世蝴蝶装と混同されるようになった列帖装の特徴と合致する。そうすると、まさに氏輝本は列帖装で装訂されていたことになり、当時そうした装訂を大和閉（綴）と称呼していたことが証明される。また、本書が装訂まで底本の氏輝本を忠実に模倣しているとすれば、これも列帖装が室町時代後期に大和閉（綴）と称呼されていたことの徴証となろう。いずれにしろ、たとえ装訂は異なっていたとしても、この奥書による限り、享禄五年当時大和閉（綴）という装訂用語が存在していたことは確実である。これは、荒木田守武の『守武千句』が成立した時点より八年ほど早い。したがって、氏輝本『新古今和歌集』に記載されている書写奥書は、現在のところ、大和閉（綴）という装訂用語存在の絶対年代を特定できる最古の初見記事といえよう。そして、これまで漠然と指摘されてきた室町時代における綴葉装（列帖装）の称呼が大和綴であるという可能性が、氏輝本『新古今和歌集』奥書の発見により、高まったと思われる。この装訂は、江戸時代には「大和綴」と呼ばれ、この用語の初見記事が、現在のところ室町時代の享禄五年（一五三二）にまで遡ることは、ほぼ間違いのないところであろう。

（f）袋綴・線装本

中国明代に開発されたということで、明朝綴の別名を持つ線装本について、長澤規矩也氏は、

> 下綴じをした上の前後に別々の表紙をつけ、表紙の上から綴じ穴を四カ所作り、糸を綴じ穴に通し、書物の背に回して綴じる方法が考案された。こうすると、表紙は取れにくくなる。この装訂を漢語で線装と呼び、和語で袋とじという。

と簡潔に解説されている。

ただし、いわゆる結び綴でも袋綴じにしたものもあるため、書誌的記述の注記を記す際には、注意が必要である。それでは、こうした線装本はいつ頃開発されたのであろうか。川瀬一馬氏は、

> 現今最も普通に行はれてゐる所謂袋綴は、室町時代に入つてから発生したものであつて、室町初期応永以前［(一三九四〜一四二八)］の遺品は管見に入らない。この様式は直接大和綴から変化した様にも考へられるが、貞徳文集などに「唐閉」と称してゐるものは、之を指してゐると思はれる点から見て、直接には唐土、明（万暦頃から盛んに行はれ出したものといふ。長澤規矩也氏「支那の装訂と紙」〝書誌学十六ノ一〟）あたりの影響に基くものであらうと思ふ。（燉煌出の遺品に拠れば、大陸に於いては早く唐代に袋綴が行はれてゐる例があるが、一般に広く用ひられるやうになつたのは、なほ遙かに後世のことである。）室町時代の袋綴の遺品は、麻の緒を以て綴ぢてあるものが多いのも、其の一つの特徴と言ふべきであらう。なほ慶長以前に於ける通例の袋綴は、現に所謂包背装（つゝみ表紙・くるみ表紙ともいふ）と称する様式のものであつて、

図⑤－1　和本と唐本

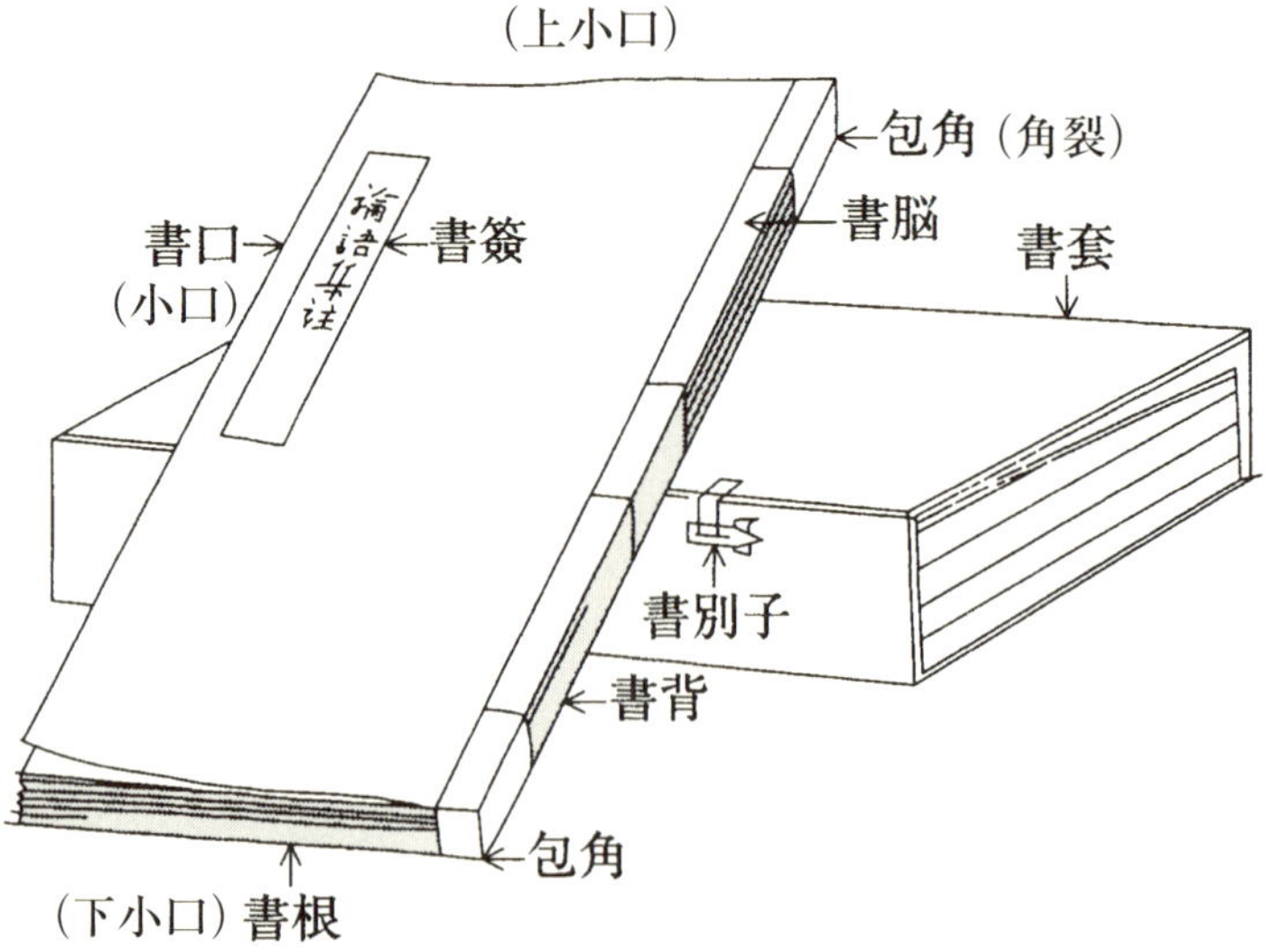

図⑤－2　漢籍目録法の線装本の図
(和泉新編「漢籍目録法」による)

綵を以てかゞらず、大和綴と同様に下綴ぢを行つた上に、一枚の表紙で背から前後に包んだもので、（或は古く「車草子〈手習往来等〉と呼ばれたものが之に当るのではあるまいかと思はれるが、）之も亦宋あたりから伝へられたものであらう。鎌倉時代から室町時代にわたつて、禅宗関係者は、刊写ともに殆どこの様式を用ひてゐる。

と述べており、長澤氏の見解を踏まえ、明朝の頃としており、我が国への伝来も、室町時代頃と考察している。恐らくは妥当な見解と思われる。なお、川瀬氏は袋綴《ふくろとじ》という言い方をされているが、袋綴とは料紙の折り方で、表紙のつけ方を意味する綴じとは相違する。袋綴は結び綴でも下綴をした上で包背装でも作製することができる。したがって、明朝綴というならば、四ツ目袋綴、もしくは中国名線装本と表現したほうが混乱がないように思われる。

さて、長澤氏の見解をもとに線装本の特徴を考察すると、下綴も糸を使うこともあるが、紙捻を使用するのが一般である。この紙捻を綴穴に通して冊尾で結ぶ。右上方と右下方は切れやすいので小裂れで覆うが、これを角裂とも包角ともいう。綴穴は四カ所が普通であるが、朝鮮本は大きいので五カ所となる。そこで、四つ目綴（四針眼訂法）五つ目綴（五針眼訂法）という称呼がある。朝鮮本は大きく、したがって綴糸も太いものが使われる。また赤や黒などの色糸が用いられる点も特徴である。こうした朝鮮本の影響を受け、我が国の線装本も、江戸初期のものは五つ目綴のものが多い。なお、康熙《こうき》綴といって角のまくれを防ぐため、上下の右隅にいま一つづつ穴を開けた六針眼の綴方があり、中国の四庫全書は、この形式で装訂されている。朝鮮本や和装本の表紙は厚く、白紙で裏張りをしてある。一方、唐本は表紙が薄く、廃紙で裏打ちしたものが多い。線装本は

図⑥－１　『万葉集』表紙
（お茶の水図書館所蔵『万葉集』（旧西本願寺所蔵））
（近代の大和綴）

いつ頃開発されたのかは学説が種々あり、その年代を特定できない。宋刊本で元々粘葉装で装訂されていたものが、四つ目袋綴に改装されて伝存しているものが少なからず存在するためである（論考篇第四章参照）。

(g)　結び綴（別名大和綴）

いわゆる本の右隅上下にリボン結びで綴じたものを大和綴というのは、昭和九年（一九三四）に日本書誌学会が用語を定めて以降である。それまでは、これを大和綴といったかどうかは定かではない。しかしながら、今日では大和綴という装訂用語は通用しており、こうした装訂で仕立てられている内閣文庫（国立公文書館）所蔵の第二代水戸藩主徳川光圀湯島聖堂献上本について同館は、平成元年に発行した「古書を伝える―先人の知恵と努力―」の中で、

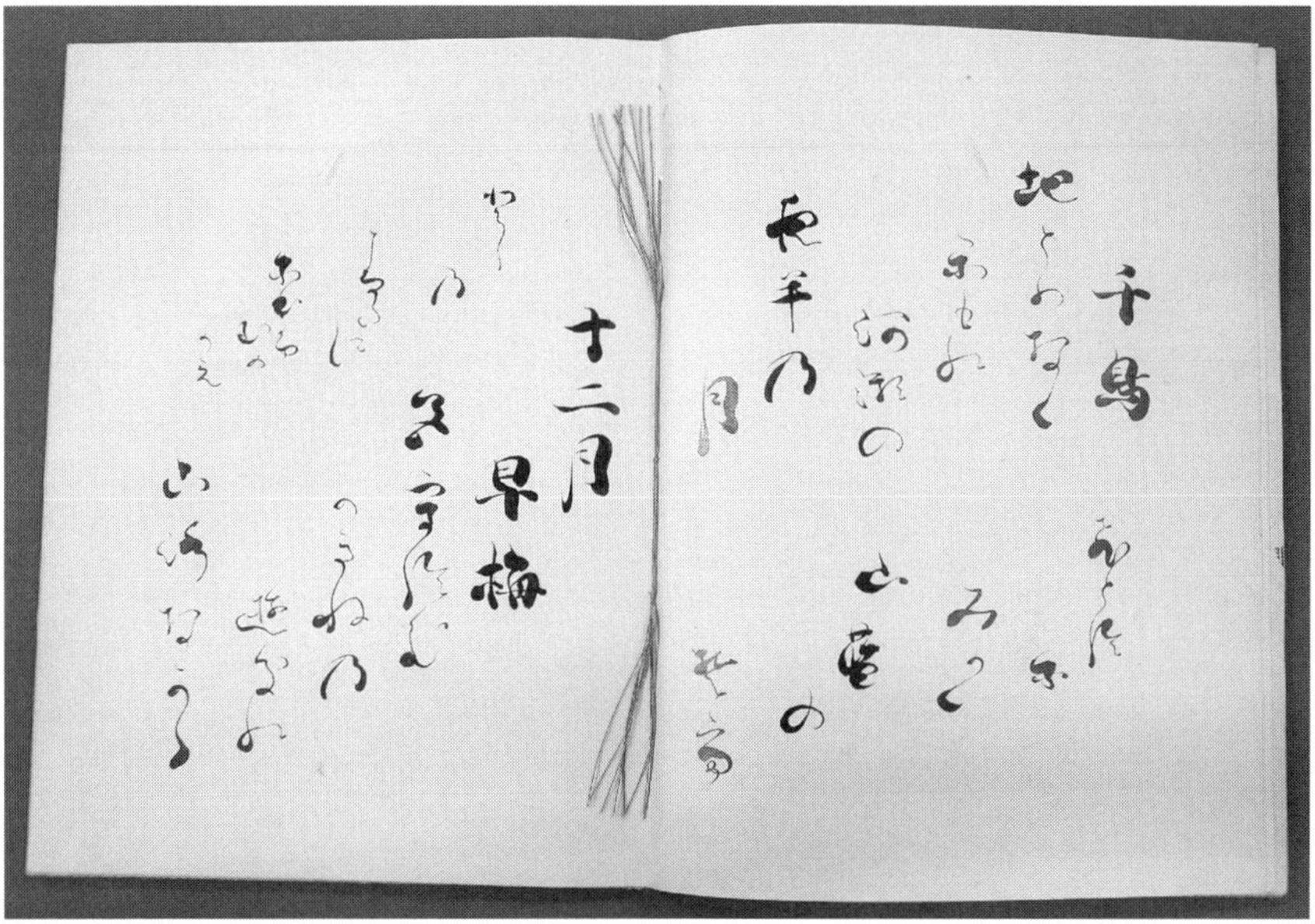

図⑥―2　『十二月花鳥和歌』
（室町時代後期から江戸時代の大和綴）

仮綴をした本文と表紙を二本の紐で綴じ合わせる方法で、一般に「大和綴」と呼ばれるものである。

と、「大和綴」と呼んでいる。（図⑥―1）しかし、こうした装訂を本当に江戸時代からそう称呼していたのであろうか。湯島聖堂の成立や献上の経緯を一瞥し、この問題について考えてみよう。

湯島聖堂の歴史は、寛永七年（一六三〇）、林家の上野忍岡の別荘に立てられた塾舎・書庫と、寛永九年に尾張徳川家初代藩主で林羅山の高弟であった徳川義直の援助によって建立された先聖殿に淵源する。幕府の公的機関として面目を一新するのは、好学の将軍として名高い五代徳川綱吉によって現在地に移転を命じられて以降のことである。聖堂は元禄四年（一六九一）正月、現湯島の地に建立され、二月七日には忍岡より孔子の聖像の大成殿への遷御の儀が盛大に執行された。さて、前年の元禄三（一六九〇）年、幕府の公的造営ということで諸大名にも典籍や祭器類献上が求められた。その献上は、『徳川実紀』元禄三年十月七日条に、

七日孔廟に典籍、祭器等を進献ありしは、尾張大納言光友卿、紀伊大納言光貞卿、甲府宰相綱豊卿、水戸宰相光圀卿…

とあり、徳川御三家や将軍綱吉の甥で後に六代将軍となる綱豊（家宣）をはじめ全国の諸大名に及んだ。しかしながら、実際の献上は多少遅延したようで、徳川光貞の献上本『十三経』について、『昌平志』は、

元禄庚午十一月所置巻冊籤題、皆榊原玄甫書、

とあり、三年の十一月のことであったという。また、ここで取り上げている光圀献上本は、光圀の巻末の自筆識語を見てみると、

元禄肆年歳次辛未正月貳拾陸日

前権中納言従三位水戸侯源朝臣光圀謹識

とあり、翌四年の正月以降となっている。さて、この聖堂に献上された品々については、貝原益軒編で元禄八（一六九五）年上田元周重修の『和漢名数大全』所引の「聖堂品々献上目録」に見え、そこに光圀献上本について、

○和朝史記　七部自述

水戸

旧事記　古事記　日本紀　日本後紀　続日本紀　続日本後紀　三代実録

文徳実録

書本也　表紙黄色　紫糸ムスビトヂ

と書誌記述がある。今日『旧事紀』・『古事記』・『続日本後紀』が国立公文書館に、『日本書紀』が宮内庁書陵部に、『続日本紀』が国立国会図書館に分散所蔵されている。聖堂は元禄十六年に火災にあい、明和九年（一七七二）に発生した目黒行人坂大圓寺を火元とする大火にも罹災して多くの典籍が散逸した。その後天明六年（一七八六）にも火災にあっている。光圀献上本は全書は揃っていないものの、諸処に散在し、五部が残存している。稀有なことといえよう。さて、その実物を各館に調査してみると時代を経たため茶色に変色しているが、元の表紙の色は黄色であったと想像でき、綴糸は紫でリボン綴となっている。つまり「聖堂品々献上目録」の書誌記述に一致するのである。そうすると江戸時代には、こうした装訂は「ムスビトヂ」と称呼されていたということになり、大和綴と今日呼称することは、不適当ということになる。前掲目録によれば、諸大名は悉く漢籍を献上している。光圀は「和朝史記」の名のもとに、国書を献上している。漢籍は全て四つ目袋綴であったであろうから、国書に光圀が結び綴を用いたのは、国書に相応しい装訂と考えたからであろう。後世大和綴と誤称される背景はこのあたりにあったのではなかろうか。

（h）紙捻（こより）（紙撚・紙縒）綴本

紙捻（こより）装とは、本の仮綴りとして用いられたもので、山本信吉氏は、当初は装訂というより一時的な紙のまとめ方で、留め方といった方が実態に即している装訂である、としている。四穴ならば、錐で上二箇所、下二箇所に穴を開け、そこに紙捻を通して作製された。平安時代の例で見てみると、折紙などのいわゆるメモ・覚書を紙捻で綴じてまとめたもの、糊が剝がれた粘葉装の修補や綴じ糸が切れた綴葉装の修補に用いられたという。こうした装訂は、学問が貴族や学僧から庶民層に普及する過程で実務的装訂法として市民権を得ていった。

この他、紙縒を用いた装訂方法に紙釘装というものがある。太めの紙縒を四本表紙から裏表紙まで通して、本からはみ出た部分を叩いてつぶし、固定する装訂である。代表的なものに宮内庁書陵部蔵室町期に書写された『聞書』がある。

図⑦　『新嘗祭儀』

八、書写本

写本とは長澤氏によれば手書きの本のことをいう。以下長澤氏の『古書のはなし—書誌学入門—』や『日本古典籍書誌学辞典』を参照しつつ、書写本について触れてみたい。中国では鈔本といい、鈔写本、繕写本ともいう。書写本を作製する場合、原本がある。原本を底本と呼ぶ。この底本が刊本や普通に何冊もある写本である場合、伝写本とか、伝鈔本とかいう。編著者の草稿を稿本といい、編著者の自筆草稿を自筆稿本もしくは手稿本という。稿本にもいろいろな種類がある。最初の稿本を初稿本といい、第二次稿本を再稿本といい、さらにそれに手を加えたものを三稿本という。漢語の中書本というのは、三稿本をへて内容が整った定稿本ができるまでの清書本をさす。改訂本・改作本とは一度世に出た本に編著者が手を加えた場合に使用される用語で、改訂本は特に第三者が手を加えた場合にいうことが多い。清書本で特に木版に彫る原稿として作られたものは、版下書き・版下本といわれる。

編著者が、自ら書いた書写本は自筆本という。編著者でない人が書いた本は、その人の手写本（手鈔本・手書本・手録本・手筆本）という。古文書学では、一人が一部の記録文書を書き通した場合は一筆書といい、二人以上で分担した場合は寄合書、若しくは分写という。

原本を横に置いて見ながら摹写―似せて書く―した本は臨写本、臨摸写本という。さて、こうした臨写本よりさらに忠実に、原本を写したものに、影写本がある。作製方法は、底本（原本）を横に置かず、下に置いて、上に薄い紙をあて、しき写し―すき写しともいう―にして作製する。これを影写本、影鈔本という。底本が宋刊本または元刊本の場合には、影宋鈔本といい、元刊本の場合は影元鈔本という。こうした書写本を鈔本というのは、漢語的用語と考えてよい。ところで、底本が書写本の場合もある。そうした時は、摸写本（摸写）・摸本と呼ぶといわれているが、やはり影写本というのが江戸時代以来一般的である。

影写本より丁重な模写の一つに、双鉤塡墨というものがある。親本の上に料紙を置き、文字の輪郭をたどって白抜きの輪郭を精密に写し取り、その白抜きに後で墨を塡める書写法である。白抜きの文字を籠《かご》字とか、双鉤字という。なお、白抜きにうめる墨を内墨という説もある。

臨写本や影写本と違い、ただ内容のみに注目し、転写した本を転写本、移写本・伝鈔本という。こうした転写本の中で、その文字が特に丁寧に書かれたものを精写本と呼ぶという。

何故こうした書写本に違いが発生するのであろうか。これは、前近代における書写本の製作観の特異性に起因する。前述のように底本の複製を作る際、前近代では装訂までそっくり同じものを作製したが、書体や虫損に至るまでそっくりに複製した（実例、宮内庁書陵部所蔵鷹司本『奥書抄』）。そのために臨写本や影写本のような複製を作製することが求められたのである。

そうした一例を挙げると、最近発見された岡本本『倭姫命世記』（神宮文庫蔵一門一九九〇四）とそれを写した御巫本『倭姫命世記』（同蔵一門一〇八一六）との間の書写関係が注目される。後者は弘化三年（一八四六）に神宮考証学者御巫《みかんなぎ》清直《きよなお》が、加茂神社の社家岡本家の伝来本を書写したものである。底本となった岡本本は、以後長くその所在が不明であった。書写に際しての清直の姿勢はその跋文に、

多年懇望ノ古本ヲ親シク披閲スルコトヲ得テ喜悦、譬ヲ取ルニ物ナシ、於是日夜執筆シ影写シテ一点半画モ敢エテ私セス、元本ニ似ムコトヲ勉ム、

と見られる。実際両者を比較すると、筆写の文字や朱点の箇所、そして奥書等、さらに識語や虫損箇所もそのまま書写されている。まさに、清直の『倭姫命世記』は、忠実な影写本の典型ということができよう。ちなみに、清直本に見られる岡本保可の識語を掲げると、

右之一冊、当家重代之秘蔵也、修補之砌、難黙止、依貴命書写于一軸而遣関東者也、

穴賢穴賢
寛文八年夷則上旬印之、
権祢宜従五位上工部員外郎

★貴命＝保科正之の命
★工部員外郎＝宮内省木工寮の権官
★夷則＝七月

とあり、損傷甚だしかったため、寛文八年（一六六八）に修補した。その際保科正之の命により、一本を写し、江戸に送ったと見える。いずれにしろ、岡本本の出現により、当時の写本製作の実態がよくわかる。こうした書写本は中国では清代以前の物を旧鈔本と呼び、清代以降の物を新鈔本と呼んだ。我が国では、関ヶ原の合戦のあった慶長年間を境とし、以前を旧写本、以後を新写本と呼ぶ。しかしながら近年では、元禄時代（一六八八～一七〇四）を新旧の境とする学説も出てきた。

九、版式内の名称

次ぎに版式内の名称について、解説していこう。

版式には漢籍の場合匡郭がある。匡郭とは枠若しくは輪郭のことである。罫線とか界線とも呼ぶ。しかしながら通常は、四周の枠を匡郭といい、匡郭内の行間の線を界線とか罫線ということが多い。和書の場合には、

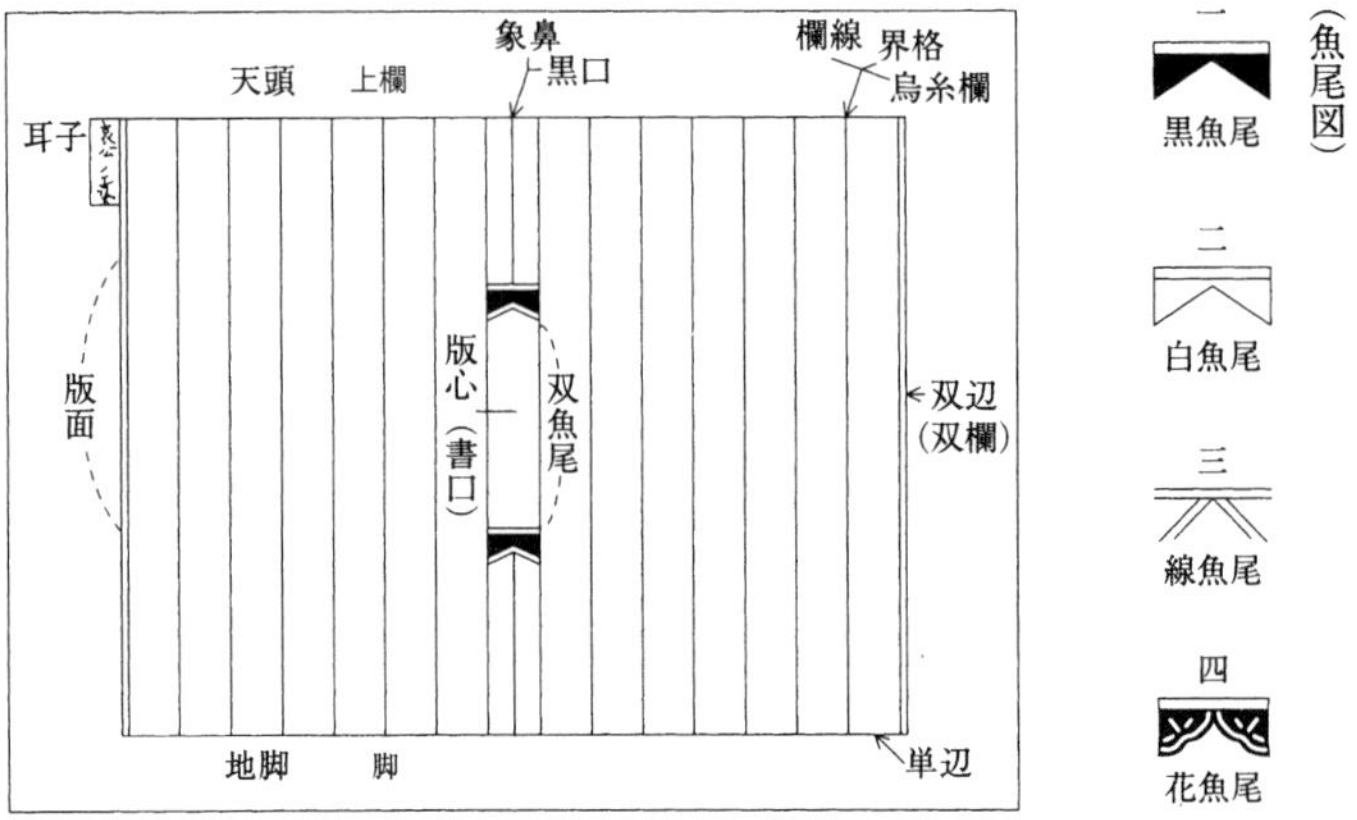

図⑧　版心の名称と各種魚尾の図
（和泉新編「漢籍目録法」による）

匡郭がないものが多く、そうしたものを無辺本という。匡郭には一本のものと、二本のものとがあり、匡郭一本のものを単辺とも単線ともいう。二本の場合には、双辺とも、双線という。書物の版式を見てみると、左右双辺のものは多いが、上下が双辺のものは、まず存在しない。双辺のものは九〇パーセントが一方が太く、一方が細い、そこで我が国では子持ち枠とか、子持ち輪郭とかいう。これにはさらに種類があり、

①　太い線の両側に子持ち線＝両子持ち枠
②　太い線が二本の中に子持ち線＝中子持ち枠
③　細い線が二本並んでいる場合は＝双柱線・双柱枠

以上のようにいう。

　上下左右の枠が全て単辺ならば、四周単辺若しくは四周単線といい、全てが双辺ならば四周双辺若しくは四周双線という。枠だけではなく界線も金泥や銀泥で引かれたものが特に仏教経典には多い。そうしたものの地が紺色であれば紺地金界とか紺地銀界などという。図を参照していただきたい。墨で界線や匡郭がかかれているものは、墨界といい中国では烏糸欄という。なお、朱で引かれている場合は中国では朱糸欄という。北宋刊本には単辺が多く、南宋刊本には双辺が多いという傾向は指摘できよ

う。また、筋が引かれているものを白界といい、空押しで筋が付けられているものを押し界とか、空界とかいう。

さて、写本の冊子の場合、墨で匡郭や界線が引かれていれば、墨格鈔本という。

十、版心に関する用語と実例

和書の場合は別として、普通の冊子本では、折り目に当たる部分は、折り目の左右に界線があって、その間が細長く仕切られている。その間には、本文の文字は全く入っていない。この細長い部分を版心という。俗語では「柱」といい、かなり流布した用語となっている。また中国では「中縫」といっている。版心は粘葉装を作製するに際し、版心部分がおられ、判読できないために作られたものと思われる。

図⑧を参照していただきたいが、版心の上部が白いものは白口といい、黒いものを黒口という。版心一杯に黒いものを大黒口といい、狭いものを小黒口といい、線の状態になっているものを線黒口という。

版心の中央上方に、魚の尻尾のようなものがあるがこれを魚尾という。これにも黒塗りの黒魚尾と白抜きの白魚尾の別がある。上魚尾・下魚尾といい、対向になっていることが多い。また、朝鮮本の影響で黒魚尾の中に花弁のような白抜きが三四箇所あるものを花魚尾とも花口魚尾ともいう。図⑧四がそれである。我が国のものでは、江戸時代前期の版本に多く見受けられ、元禄頃より見られなくなる。さて、魚尾の上下の横線を象の鼻に似ているところから象鼻という。後に転じて上下の横線より上と下の部分を象鼻というようになり、上下の別ができた。

匡郭の上方を上欄といい、下方を脚という。注記は上欄に記されたものを頭注とか、首書・鼇頭とか標注とかいう。また脚に書かれた注を脚注という。版心の下部（下象鼻）には刻工名、刻者姓名、刻工名氏と呼ばれる刻工名が刻まれている。工賃支払いの目安にしたようで、宋版の特徴の一つである

十一、書誌的事項の採り方や符号

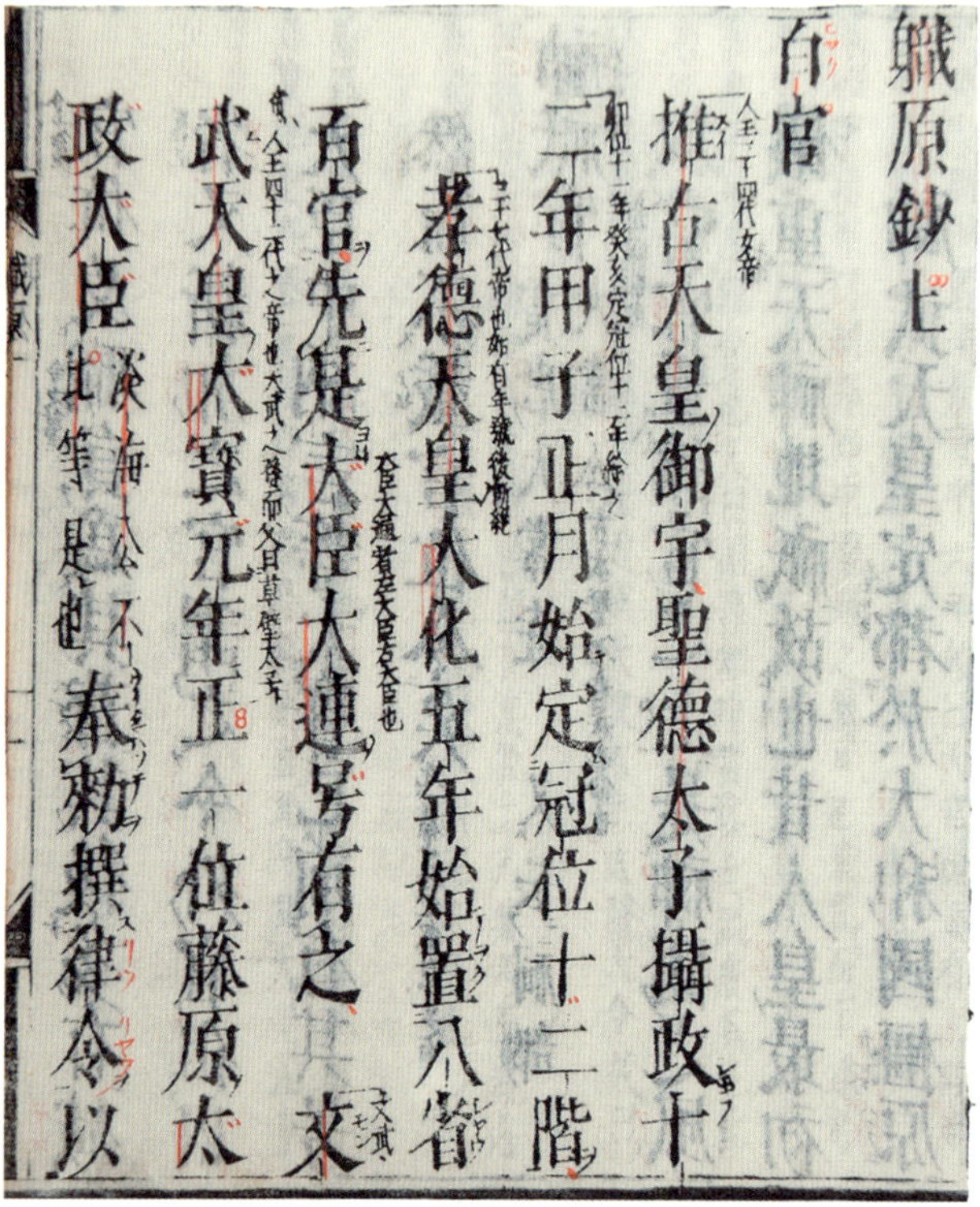

図⑨　「職原抄」

こうした版本に、漢籍の場合、白文（句読点が全く加えられていないテキスト）、断句（句読点のみ加えられたテキスト）、加点（訓点すなわち返り点送りがな付き）等の別がある。また、最後に識語や奥書というものがあるが、これは後世に他者によって書写された経緯や、感想が記されたものである。又紙一枚を一丁とよび一ページは半葉と呼ぶ。記録を取る場合半葉について行数、一行の字詰め注文に小字があり一行ではなく、二行の時は注文双行と記し、小字何字

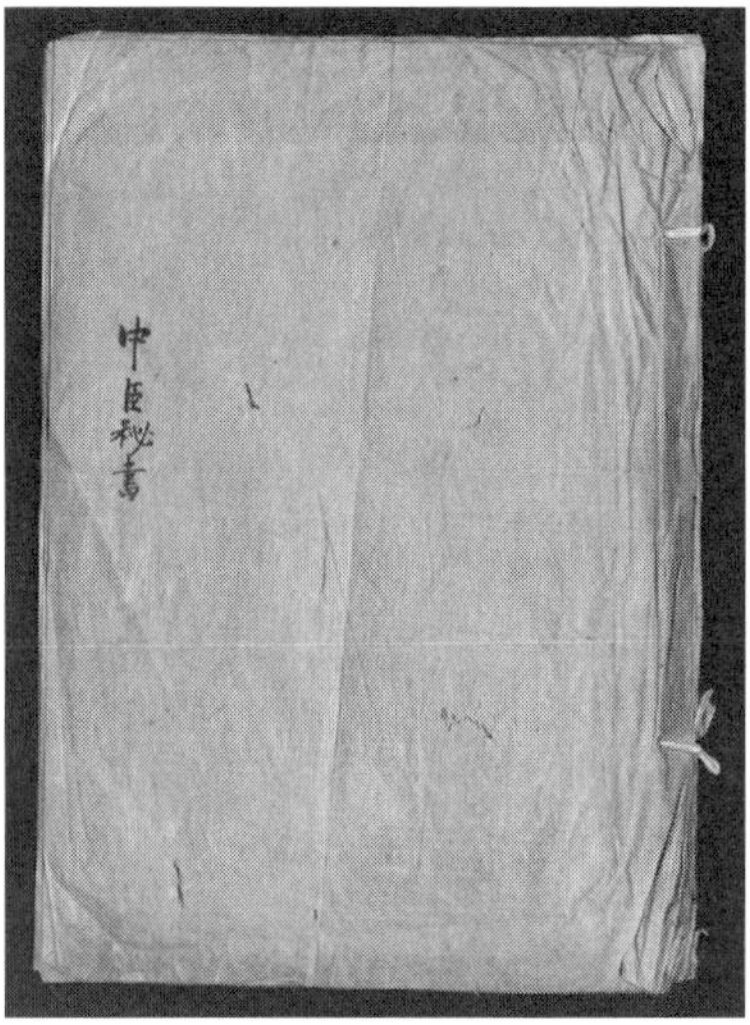

図⑩　『壽詞文』表紙
（國學院大學図書館所蔵）

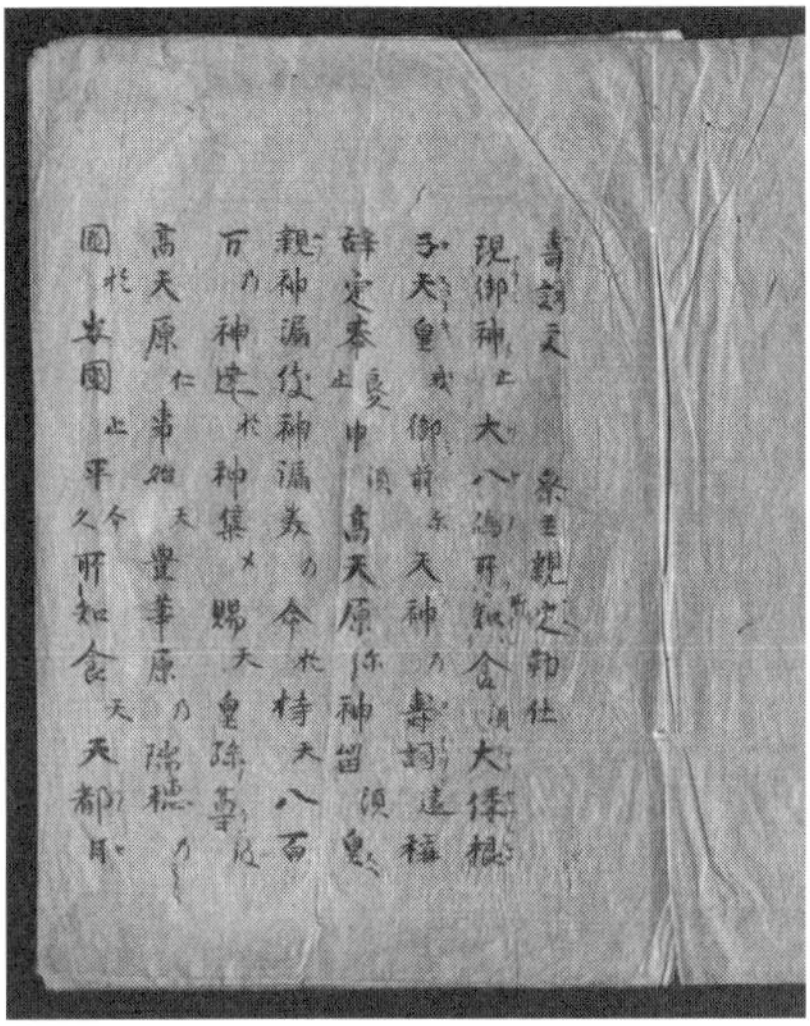

図⑪　『壽詞文』本文
（國學院大學図書館所蔵）

と書き、一行に字詰めに出入りがあるときは「幾字至幾字」と書く。版心の黒口白口の別を書き、次ぎに匡郭の単双辺の別を記し、界線の有無を記す。後で初印（最初に印刷されたもの）であるか、重印（数十年あるいは百年後に同一の版木で印刷されたもの。時間が経過しているため、版木が乾燥して縮小する場合がある）であるか、を知る目安として匡郭内の大きさを計測しておく必要がある。また、前述のように漢籍の場合、白文か、断句か、加点かを記録しておく必要があろう。なお、和書の場合前に触れたように無辺本といわれる枠のない版本が多い。その版面の書誌的記述をとるため、墨付き一行文の最上部から最下部までの寸法をとる。その長さを字高という。匡郭内を計測するのと同じ意味を持つ。

次に連続符や朱引きについて触れる。連続符とは二字以上の漢字を連続して読むことを示す符号である。平安時代からあった符号で、「連―合」のように、行の中心に書き加えるのが普通であるが、「連|合」の

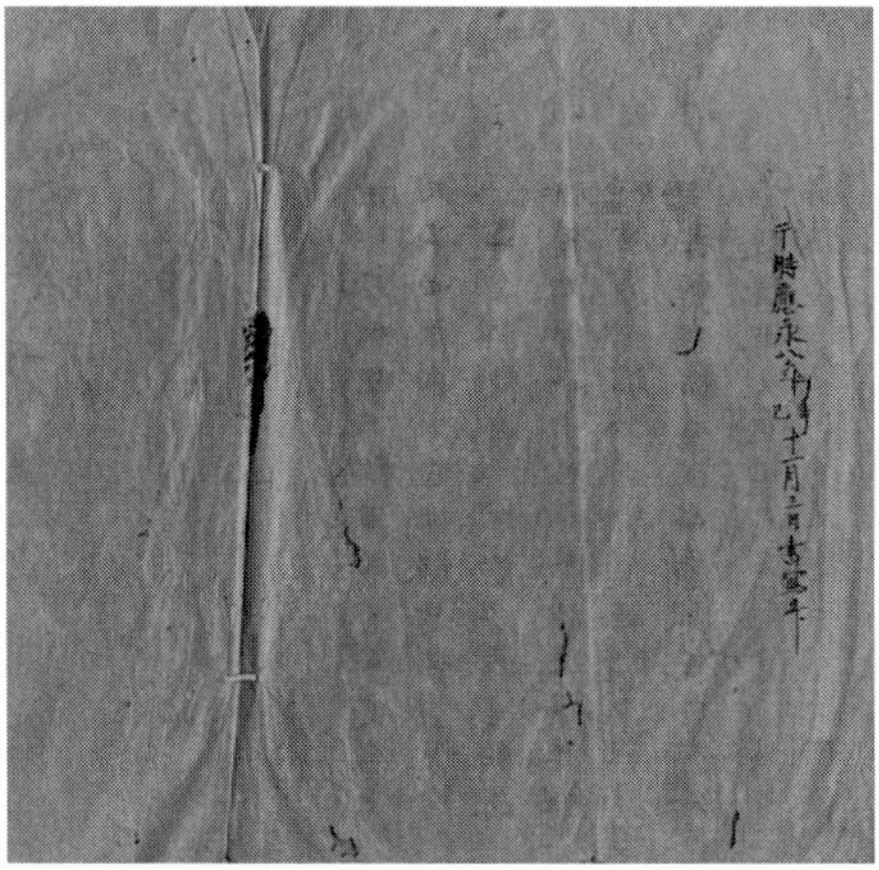

図⑫　『壽詞文』巻末
（國學院大學図書館所蔵）

ように左に書くものもある。中心の線は音読、左の線は訓読である。また、文字の上に朱線を引く朱引きにも意味があり、『和漢名数』の「本朝書朱引法歌」に「右ところ、中は人の名、左官、中には書名、左には年号」とあり、室町時代以降、固有名詞を指示する符合として多く用いられた。図⑨は寛文二年（一六六二）刊行の『職《しょく》原《げん》抄《しょう》』である。もちろん重印と推測されるが、推古天皇や聖徳太子などの人名には、やはり一本の朱引きがあり、大臣や大連などの官職名には左に一本の朱引きがある。また大宝元年という年号の左には、二本の朱引きが見られる。

次に、書名の採り方について、検討してみよう。今日書名は、奥付や表紙などから採るが、古典籍の場合は、本文首葉第一行のいわゆる巻頭に書かれた書名を採ることが、原則とされている。この件に関しては、筆者にも苦い思い出がある。図⑩⑪⑫を参照していただきたい。本書は神祇官の次官と、伊勢神宮の祭主を世襲した大中臣氏の後裔藤波家に伝来した「天神壽詞」である。持統天皇の即位以来、大中臣氏の長者が即位の礼に際して天皇に奏上するものである。一方、忌部氏は神璽の鏡剣を奉上することになっていた。平安時代になると、両儀ともに大嘗祭辰の日の儀式となるが、天皇即位儀礼には不可欠のものである。その大中臣親定奏上のものが、子孫に伝来したわけであるが、⑩表紙には左上部に「中臣秘書」とあり、⑪巻頭には「壽詞文」とある。書写年代は応永八年（一四〇一）十一月三日で、料紙は斐楮交漉で縦三十一センチ、横二十三センチ、全文六丁である。当然「壽詞文」を書名として採用すべきであったが、筆者は当初表紙外題の「中臣秘書」を書名とする過ちを犯してしまった。今となっては汗顔の至りである。平成九年三月國學院大學刊行の『神宮祭主藤波家文書目録』では、「壽詞文」を書名として採用してあるが、書名の採り方一つにも注意しなければならない。この他書名は、目録首、巻末（全巻末・毎巻末）、序文首、外題、見返し、小口書き、帙外題、書背からも採ることもあるが、やはり巻頭から採るのが一般的である。

参考文献

一、図書学とは

『日本古典籍書誌学辞典』。

田中敬『図書学概論』（早川図書、一九二四年、復刻一九八二年）。

長澤規矩也『図書学略説—附　近代図書館史綱要—』（明治書院、一九七九年）。

同『古書のはなし』（冨山房、一九七六年）。

和泉新『中国図書整理入門』（国際基督教大学図書館編、一九八八年）。

二、日本図書学の歴史

『日本古典籍書誌学辞典』。

丸山裕美子『正倉院文書の世界—よみがえる天平の時代—』（中央公論新社、二〇一〇年）。

小倉慈司「五月一日経願文作成の背景」（笹山晴生編『日本律令制の展開』、二〇〇三年）。

和田英松『本朝書籍目録考証』（パルトス社、一九三六年、一九九〇年復刻）。

山本信哉「本朝書籍目録の著作年代に就いて」（『史学雑誌』二十八篇第五、一九一七年）。

所功「『本朝書籍目録』に関する覚書」（『国書逸文研究』十九号、一九八七年）。

五味文彦「序　書物史の方法」（『書物の中世史』所収、みすず書房、二〇〇三年）。

三、中国における図書学研究のはじまり

銭存訓『中国古代書籍史—竹帛に書す—』（法政大学出版局、一九八〇年）。

村越貴代美「中国の図書館」（『図書及び図書館史』所収、寺田光孝編、樹村房、一九九九年）。

『史記五（世家上）』（新釈漢文大系八十五、明治書院、一九七七年）。

『礼記（中）』（新釈漢文大系二十八、一九七七年）。

『史記一（本紀）』（新釈漢文大系三十八、一九七三年）。

四、中国における解題・分類の淵源

（a）書籍解題のはじまり

鈴木由次郎『漢書芸文志』（中国古典新書、明徳出版社、一九六八年）。

前掲村越貴代美「中国の図書館」（『図書及び図書館史』所収、）。

清水茂『中国目録学』（筑摩書房、一九九五年）。

（b）分類の淵源―七略の成立―

吉川幸次郎「中国文献学大綱」（『吉川幸次郎遺稿集』一所収、筑摩書房、一九九五年）。

長澤規矩也『書誌学序説』（吉川弘文館、一九六〇年）。

長澤規矩也『和漢古書分類法』（汲古書院、一九六二年）。

和泉新『中国図書整理入門』（国際基督教大学図書館編、一九八八年）。

前掲清水茂『中国目録学』。

（c）四部分類

興膳宏・川合康三共著『隋書経籍志詳巧』（汲古書院、一九九五年）。

前掲清水茂『中国目録学』。

長澤規矩也『和漢古書分類法』（汲古書院、一九六二年）。

『日本古典籍書誌学辞典』。

五、木版印刷のはじまり

トーマス・カーター『中国の印刷術』一（藪内清・石橋正子共訳、平凡社、一九七七年）。

米山寅太郎『図説中国印刷史』（汲古書院、二〇〇五年）。

井上進『中国出版文化史―書物世界と知の風景―』（名古屋大学出版会、二〇〇二年）。

前掲清水茂『中国目録学』。

六、百万塔陀羅尼

『続日本紀』（新日本古典文学大系、岩波書店、一九九五年）。

緒方宏大「百万塔陀羅尼推定銅版鋳造実験」（『百万塔陀羅尼の研究―静嘉堂文庫所蔵本を中心に―』所収、汲古書院、二〇〇八年）。

七、書物の装訂

（a）簡策

陳国慶『漢籍版本入門』第四章（沢谷昭次訳、研文出版、一九八四年）。

（b）帛書

長澤規矩也『古書のはなし』（冨山房、一九七六年）。

小原撫古「木簡・竹簡・帛書について」（『大学書道中国編』、天来書院、二〇一一年）。

和泉新『中国図書整理入門』（国際基督教大学図書館編、一九八八年）。

『論衡（中）』（新釈漢文大系六十九、明治書院、一九七九年）。

（c）巻子本・折り本（帖装本）

前掲米山寅太郎『図説中国印刷史』。

堀川貴司『書誌学入門―古典籍を見る・知る・読む』（勉誠出版、二〇一〇年）。

（d）粘葉装

藤貞幹『好古小録』（日本随筆大成一期二十二、吉川弘文館、一九七六年）。

吉田篁墩『近聞寓筆』（続日本儒林叢書、東洋図書刊行会、一九三〇～一九三三年）。

櫛笥節男「列帖装について」（『汲古』第三十四号、一九九九年）。

『書写と装訂―写す　裁つ　綴じる―』（宮内庁書陵部、二〇〇二年）。

藤本孝一『古写本の姿』（『日本の美術』No.四三六、二〇〇二年）。

前掲堀川貴司『書誌学入門―古典籍を見る・知る・読む』。

（e）大和綴（葉子・縫綴・縫績・大和綴・列帖装・綴葉装）

王洙『王氏談録』（叢書集成新編八十六、新文豊出版、一九八五年）。

張邦基『墨荘慢録』（叢書集成新編八十六、新文豊出版、一九八五年）。

川瀬一馬『日本書誌学概説増訂版』（講談社、一九七二年）。

田中敬『粘葉考―蝴蝶装と大和綴―』（早川図書、一九三二年、復刻一九七九年）。

同『図書形態学』第七章「冊子第三類、縫綴」（早川図書、一九八五年）。

仲井徳「図書装訂史について―粘葉装と綴葉装を中心に―」（『私立大学図書館協会会報』九一、一九八八年）。

中野三敏『江戸の版本』第四章「糸綴じ本（大和綴じ）」（岩波書店、一九九五年）。

櫛笥節男「大和綴について―歴史史料からの検証―」（『書陵部紀要』第四十八号、一九九六年）。

山本信吉『古典籍が語る―書物の文化史―』（八木書店、二〇〇四年）。

前掲堀川貴司『書誌学入門―古典籍を見る・知る・読む』。

橋口侯之介『和本入門―千年生きる書物の世界―』（平凡社、二〇〇五年）。

中野三敏『和本のすすめ―江戸を読み解くために』（岩波書店、二〇一一年）。

（f）袋綴・線装本

前掲長澤規矩也『古書のはなし』。

前掲川瀬一馬『日本書誌学概説増訂版』。

前掲堀川貴司『書誌学入門―古典籍を見る・知る・読む』。

（h）紙捻（紙撚・紙縒）綴本

前掲山本信吉『古典籍が語る―書物の文化史―』。

櫛笥節男『宮内庁書陵部書庫渉猟―書写と装訂―』（おうふう、二〇〇六年）。

前掲堀川貴司『書誌学入門―古典籍を見る・知る・読む』。

八、書写本

前掲長澤規矩也『古書のはなし』。

伊藤徳太郎「岡本家重代本『倭姫命世記』について」（『瑞垣』所収、一九九八年）。

九、版式内の名称

『日本古典籍書誌学辞典』。

前掲長澤規矩也『古書のはなし』。

長澤規矩也『神宮文庫漢籍善本解題』（汲古書院、一九七三年）。

十、版心に関する用語と実例

『日本古典籍書誌学辞典』。

前掲長澤規矩也『神宮文庫漢籍善本解題』。

前掲長澤規矩也『古書のはなし』。

十一、書誌的事項の採り方や符号

長澤規矩也『新編和漢古書目録法』（汲古書院、一九六〇年）。

前掲長澤規矩也『神宮文庫漢籍善本解題』。

前掲橋口侯之介『和本入門―千年生きる書物の世界―』。

前掲中野三敏『和本のすすめ―江戸を読み解くために』。

論考篇

第一章　和図書装訂研究史の諸問題
――大和綴を中心に――

一、問題の所在

図書の分類・整理上のみならず、その成立や伝来経緯等を解明する指標としても、装訂形態は看過できない。ところが今日に至ってもなお、その称呼が一定しておらず、意義の明瞭を欠き、混乱紛糾を招かざるを得ない状況にある和図書の装訂称呼が存在する。

和図書の装訂をめぐっての混乱で、代表的なものは粘葉装と蝴蝶装の問題であろう。粘葉装は基本的に糊を用いて粘合したものである。明代に成立した方以智撰の『通雅』及び張萱撰の『疑曜』両書は、粘葉装と蝴蝶装は同物異名であると断定している。我が国でも、この説は藤貞幹や吉田篁墩などにより江戸時代から支持されている。しかし、一方で、粘葉装と蝴蝶装を別の装訂とする説（岡本保孝）、蝴蝶装を今日でいう列帖装・綴葉装・大和綴とする説（近藤守重等?・浅野長祚・和田維四郎）も江戸時代以降には広く行われてきた。こうした装訂称呼の混乱の一端を田中敬氏は、昭和七年発行の『粘葉考―蝴蝶装と大和綴―』で藤貞幹以来の諸説を整理・検討し、粘葉装即蝴蝶装説を歴史学的に検証した。また、山岸徳平氏も昭和五十二年刊行の『書誌学序説』の中で粘葉装即蝴蝶装説を支持している。だが、江戸時代以来の装訂呼称に関する混乱は容易には一匡できない。平成六年四月に発行された『平安時代史事典』に関係項目を見てみると、

（イ）粘葉装〈でっちょうそう〉　典籍の装丁の一種。一枚一枚の紙を二つ折りにして重ね、折り目の両側一センチぐらいを糊付けしたもの。両面見開きと糊付けが交互に現れる。

（ロ）胡蝶装〈こちょうそう〉　蝴蝶装とも。本の装丁の一種で、粘葉装・綴葉装を総称していう。江戸時代には本を見開いた形が胡蝶の羽を広げたように見えるところから、粘葉装と呼んでいた。この原因は字づらと形の共通性からのもので、折本からの発生を考慮しなかったからである。代表的な遺品は『三十帖冊子』（国宝、仁和寺蔵）で、この装丁の日本での初見とされている。

（ハ）冊子〈さっし〉　「そうし」ともいい、策子、草子、草紙、双紙、造紙とも書く。紙を粘糊で貼り合わせた粘葉装と、紙を糸で綴じた胡蝶装・大和綴・袋綴とがある。粘葉装と胡蝶装とは同じであるという説があり、また胡蝶装を大和綴という説がある。それゆえ近年では胡蝶装を綴葉装といっている。

と、ある。（イ）の粘葉装の説明は正確であるが、（ロ）の蝴蝶装の説明は糊を用いる粘葉装と糸を用いる綴葉装とを混同している。（ハ）は糊を用いる粘葉装の別名である蝴蝶装を、（ロ）と同様に大和綴・線装の袋綴と同じく糸を用いた装訂としている。

右のような混乱は、学説的には田中氏及び山岸氏説が最近定着し、収束しつつある。(1) しかしこれで和図書装訂称呼の混乱全てが解決したわけではない。田中敬氏の『粘葉考』の副題は「胡蝶装と大和綴」であるが、吉澤義則氏の学説を踏まえた氏の大和綴に関する見解が学会に新たなる波紋を投げ、現在に至るまで田中敬説とそれを認めない日本書誌学会説が並立状態にある。本小稿では、歴史的に大和綴に関する右両説を検討し、若干の私見を開陳してみたい。

二、〝大和綴〟に関する二種の見解

大和綴に関する二種の異なる学説も、この装訂を我が国が創意したものとしている点のみは共通している。しかしながら、双方が大和綴とする装訂形態は、全く相違する。そこで、両者を整理するには、その二種を図版で明示するのが最も捷径であるように思われる。左に掲示したA・B二種類の装訂が、現在大和綴と称呼されているものである。Aが日本書誌学会が昭和九年に大和綴と制定したもので、「本会制定術語原案」(2) には、

大和綴

袋綴を簡単にしたるものにして、いはゆる仮綴、表紙より、テープ・紙其他にて綴ぢたるものをいふ。

と定義されている。

一方Bは吉澤義則・田中敬両氏が大和綴と認定するもので、日本書誌学会は「本会制定術語原案」に、

大和綴 A
(『文化財用語辞典』より)

大和綴 B
(『日本国語大辞典』より)

綴葉

紙を重ね、二つ折にして、折目を絲を以て綴ぢたるもの、或はかかる綴ぢたるものを二つ以上重ねて、折目の部分を背にして、上下に表紙を加へたる装幀をいふ。即ち今日のノートブックに似たり。

とあるように、綴葉と定義しているものである。なお、この綴葉という装訂称呼は、前年の昭和八年に開かれた「昭和七年新刊書誌学関係書籍批判坐談会」(3)の席上で新たに提唱された造語である。

ところで日本書誌学会は、綴葉装と蝴蝶装とを必ずしも区別してはいない。広義には、

胡蝶装

下に示す、粘葉及び綴葉の総称。

と定義し、

粘葉

紙を表を内にして二つ折にしたるものを重ね、折目の部分を背にして、外より表紙を以て包みたる装幀をいふ。

という粘葉と糸綴の綴葉の総称を蝴蝶装とした。『平安時代史事典』の蝴蝶装の説明(ロ)は、参考文献として山岸徳平氏の『書誌学序説』を掲示しているが、遡れば、この日本書誌学会の「本会制定術語原案」の胡蝶装の定義に起因しているものと推測される。

さて、大和綴に関する定義は、上記のようにA・B二種のものが並立し、さらに山岸氏のようにA・Bを共に大和綴とされる説もある、というのが現状である。こうした曖昧な定義は、前に触れた『平安時代史事典』の冊子に関する（八）のような混乱した説明や、昭和五十年代以降に刊行された権威ある異なる辞典の大和綴項目の説明が、

○やまととじ　大和綴　わが国の創意による装訂の一つ。料紙を綴葉装（てっちょうそう）にして綴じたものもあるが、通例は袋綴（ふくろとじ）と同様な重ねかたをして、こよりで中綴をしたうえで、前後に表紙を添えて、表紙の右端から約一センチの内側に、上下二ヵ所に二つずつの穴をあけ、そこに装飾的な平織紐やリボンを通して表面で結び綴じしたもの。この装訂は平安時代末期ごろには行われていたもので、また近世・明治期の歌集などにも使用されている。（『国史大辞典』）

○やまとーとじ　大和綴　書物・帳簿などの綴方（とじかた）の一種。紙を数枚重ねて二つに折り、それを一帖とし、七、八枚前後を重ねて、背の上下二か所に切り込みか穴をあけ、順次糸で綴じ合わせたもの。初帖と末帖とにそれぞれ表紙をつけ、さらに、一、二か所装飾的に紐で綴じて表面に結んだものもある。（『日本国語大辞典』）

以上のように相違するという事態を惹起している。

こうした事態を解消するには、大和綴A・B両説の提唱理由を改めて検討してみる必要があると思われる。

三、大和綴A説の提唱理由

大和綴A説を強く提唱しているのは、前掲の「昭和七年新刊書誌学関係書籍批判坐談会」の速記録である。この速記録には列席者名は記録されているが、批判座談会ということで、具体的な発言者名は秘匿されている。ゆえに、発言者を特定はできないが、提唱理由を明示した発言が二カ所ほど見られる。その発言を要約すれば、

鎌倉時代末正嘉二年（一二五八）成立の尾張徳川家所蔵の河内本源氏物語の装訂が大和綴Aである。したがって、称呼は江戸時代になってから付与されたものであろうが、この綴じ方は鎌倉時代から存在した。

と主唱している。その後、一部から大和綴Bの技術的問題が指摘され、議論が行われているが、最終的には、

今日の所我々がやはり今言って居る大和綴をあくまでも大和綴としておいた方が却って無難だらうといふのです。

という、A説支持で落着している。

右座談会にも出席されている川瀬一馬氏は、昭和十八年に原版が発行された『日本書誌学之研究』及び昭和四十七年に発行された『日本書誌学概説増訂版』（原版昭和二十五年発行）に所収されている「書籍の形態に関する研究」と「日本書誌学用語略解」の中で、大和綴について以下のように説明されている。

○大和綴（むすび綴ともいふ。）料紙の重ね方は綴葉の様にしたもの〈尾張徳川家蔵正嘉二年写河内本源氏物語等〉もあるが、通例は袋綴と同様な重ね方をして、紙捻等で下綴ぢを行つた上に、前後に表紙を添へて、右端を二箇処結び綴ぢにしたもの。）も、其の名称の示す如く、我が国で始められた装訂の一様式であつて、之も亦平安末期頃からの遺品が残存してゐる。（山口光圓氏蔵打聞集等）（「書籍の形態に関する研究」）

○『大和綴』も亦、その名称の語る如く、我が国で工夫せられた装訂で、料紙の重ね方は、綴葉と同じ様にしたものもあるが、通例は、袋綴と同様重ね方をして、紙捻等で下綴ぢを行つた上に、前後に表紙を添へて右端を二箇処結び綴ぢにしたものである。古く『結び綴』とも言う。（「日本書誌学用語略解」）

川瀬氏は、右とほぼ同様の見解を、昭和五十五年発行の『続日本書誌学之研究』所収の「日本書誌学と現代の造本」や昭和五十七年発行の『日本書誌学用語辞典』の中でも述べられている。

この川瀬氏の見解を支持した研究に、川瀬氏と同様に「昭和七年新刊書誌学関係書籍批判坐談会」に参加され、日本書誌学会の「本会制定術語原案」制定にも関与された長澤規矩也氏のものがある。長澤氏は、昭和三十五年発行の『書誌学序説』と昭和五十四年発行の『図書学略説』の中で、

大和綴とは表紙の上から、テープやひもなどでとじたもので、結び綴ともいう。線装本を簡単にしたものともいえよう。川瀬氏によれば、平安末期にすでにあり、山口光圓氏所蔵打聞集はその例であると。（『書誌学序説』第二篇第三章装訂の種別）

と川瀬氏に依拠してA説を提唱し、B説を主唱する田中敬氏を、

田中敬はこの綴葉装を、望月三英の三英随筆を引いて大和とじといったが、吉田篁墩が粘葉を列綴といったように、誤用といえよう。（『書誌学序説』第二篇第三章装訂の種別）

と、批判されている。

しかしながら、右両氏は、「昭和七年新刊書誌学関係書籍批判坐談会速記録」と同様、歴史的に何時頃から右大和綴Aを大和綴と称呼するようになったのか、について具体的な史料に基付いて考証をされているわけではない。大和綴Aを大和綴と称呼するようになった歴史的経緯を明確にしない限り、たとえそうした装訂が古くからあったとしても、断定はできないのではなかろうか。

日本書誌学会や右両氏と同様の見解に立つものに、昭和二十五年発行の『図書寮典籍解題歴史篇』付録の「書誌学」がある。これは大和綴という称呼が室町時代の荒木田守武の句集「守武千句第六唐何」に見られることを指摘しているが、そこからはどのような綴方であるかは判然としない、としている。しかしながら、『紫式部日記』の

よべの御をくり物、けさぞこまかに御覧ずる。御櫛の筥のうちの具ども、いひ尽くし見やらむかたもなし。手筥一よろひ、かたつかたには白き色紙つくりたる御冊子ども、古今・後撰集・拾遺抄、その部どもは五帖につくりつつ、侍従の中納言・延幹と、をのをの冊子ひとつに四巻をあてつつ、書かせ給へり。表紙は羅、紐をなじ唐の組、懸子の上に入れたり。下には、能宣・元輔やうの、いにしへいまの歌よみども

の家々の集書きたり。

という記事や、『枕草子』の、

薄様のさうし、むら濃の糸して、をかしくとぢたる、

という記事から、「綴絲は組紐の如き巾物を使用し、外部に綴絲の露れる製本体裁を示してゐる」と断定し、大和綴A説を提唱している。ちなみに川瀬氏は、右『枕草子』の記事を前掲「書籍の形態に関する研究」の中で、大和綴B即ち綴葉装の装訂形態を伝えたものとされている。しかしながら鉄杖綴と思われる。（次編第一章参照）

右のように、古典に朧気に見える装訂方法から大和綴A説を提唱する『図書寮典籍解題』付録「書誌学」の説を支持するものに、伊地知鐵男氏の研究がある。ただし、伊地知氏は『紫式部日記』等のみを根拠とせず『守武千句』所載の荒木田守武の難解な句、

ふる草紙をばいづちさだめん　葎生る宿は唐とぢ大和綴

を解釈し、

（右句によれば）唐綴と大和綴の両様の綴方のあったことをものがたっている。古い草紙かどうか、なにで判定しようかという前句に、葎の生いしげった古家は、唐綴や大和綴で繕ろいがしてあるという付句である。これからすれば、綴糸は組紐のような幅ものを使用し、綴紐が外部に露見した綴方であろうと考えられる。そして、守武千句でいう唐綴は現在の袋綴形式の綴じ方、大和綴とは料紙の折り方や重ね方には関

係なく、表紙の右端（のど）に縦に二穴ずつ二か所にあけて組紐で二個所綴じあわせる、普通簡便な綴じ方であったろう。外部から組紐で綴じるので、幅ものの組紐は外部に露出して一種の装飾にもなる。（　）

内筆者

と、昭和四十一年に発行された『日本古文書学提要上巻』の第一部第一章第三節「形態」の中で述べられている。氏はまた同様の見解を昭和六十三年発行の「本の話」（『国文学研究資料館講演集』9）の中でも開陳しておられるが、句自体の解釈は首肯できるにしても、ここから大和綴というのは「綴糸は組紐のような幅ものを使用し、綴紐が外部に露見した綴方であろう」と推断できるだろうか。守武は単に、当時装訂方法に唐綴と大和綴両様があったとしているだけなのではなかろうか。

大和綴A説を提唱する代表的な研究を概観してみたが、結論から言えば、いずれも大和綴はAであるという前提に疑義を挟まず、曖昧な古典の記事や句を恣意的に解釈したり、装訂技術の問題から論じている。肝心な、何時頃から大和綴をAとするようになったのか、という点については、歴史的考証を尽くしているとは言いがたい。さらに、現在大和綴に分類されているAが、近代以前に如何なる装訂名称で称呼されていたのか、という点についても史料を踏まえた言及がない。右諸問題を解決しない限り、大和綴Aを「大和綴」と速断するのは難しいのではなかろうか。(4)

四、大和綴B説の提唱理由

次に、大和綴B説の提唱理由について検討してみよう。

近代以降最も早い時期に大和綴をBと断定したのは、管見に及んだ限り吉澤義則氏である。氏は大正九年七月に発行された『図書館雑誌』四二号に「和漢書の装潢に就いて」を発表され、

粘葉はデツチヨウと読む、我が国では之を訛つてレツチヨウと云ひ、列帖の文字を当てゝゐる、我が国の所謂列帖には二種ある。

一、前記支那に於けると同じく、一種の糊を以て一枚一枚に相接縫したもの。

二、丁度大福帳や洋書の綴ぢ方のやうに、数枚一所に二折し、その折目を絲でとぢて一帖とし、かくて得たる数帖を更に絲で合綴して一冊とし、表紙を加へたもの。

とあるように、粘葉を我が国では訛って列帖といい、その中には、綴合に糊を使用する第一種と、綴合に糸を使用する第二種があることを指摘されている。糸を使用する第二種については、数枚を一所に重ねて内側に二折し、その折目を糸で綴じて一帖とし、数帖を更に糸で合綴するという説明から日本書誌学会が綴葉とする装訂と同一物であることが理解される。この第二種を吉澤氏は史料までは掲出してはいないが、江戸時代の学者望月三英・吉田篁墩・近藤守重の学説に依拠し、「大和綴」と断定されている。

後述の田中氏も吉澤氏同様、右望月三英以下の江戸時代の学者の説を根拠として論を展開しておられるので、ここにそれらを掲出する。

望月三英は、『三英随筆』（『鹿門随筆』とも）の中で大和綴について、

大和とぢといふ書物あり、先は歌書に古へ多くあり、町人の覚帖も大和とぢ也、扨は和方かと思ふに左に

あらず、阿蘭陀本草も大和とぢ也、又宋版の千金翼方と楊氏家蔵方と御文庫に有之御本は唐本の大和とぢ也、扨は唐より初りて外国へも伝りたりと見えたり、此とぢ様の名目、阿蘭陀にても何とぢとか云成るべし、中華の名目を博識の人に数人聞たれども、考なきよし、名物六帖などにも出たとやらん申人も有と云々、

と述べ、歌書や町人の覚帖にこの装訂形態が多く見らるることを先ず指摘。我が国独特のものかと思えばそうではなく、オランダの書籍にも見られ、さらに中国の書籍にも見られるとして、実例に紅葉山文庫所蔵の『千金翼方』と『楊氏家蔵方』をあげている。実際、歌書や町人の覚帖は、その多くが大和綴Bで装訂されている。したがって、三英は大和綴Bを「大和綴」と考えていたようである。なお、後掲注（5）でも触れているが、三英が見たという『千金翼方』も『楊氏家蔵方』も宋版であることから、田中敬氏は前掲『粘葉考―蝴蝶装と大和綴―』の中で粘葉装ではなかったと推測されている。

吉田篁墩は、『近聞寓筆』巻三の中で、

縫綴、今謂二之大和綴一者、蓋上半属二首葉一、下半属二末簡一、一致二縫断一、錯乱尤甚、

と、宋の『王氏談録』に依拠して、大和綴の装訂形態と欠点について触れている。この装訂形態は大和綴Bの特徴と符合し、縫断の際の欠点も玉井幸助氏の努力のもと、ようやく復元された大和綴B装訂の定家本『更級日記』の実例をあげるまでもなく、大和綴Bの典型的な欠陥である。ゆえに、篁敦も大和綴Bを「大和綴」と考えていたものと思われる。

引用なので疑問も残るが、浅野長祚の『寒檠巣綴』巻二に所載されている近藤守重の『御本日記』によれば、守重も望月三英が閲覧した『千金翼方』と『楊氏家蔵方』を実見したようである。それによれば、

千金翼方楊氏家蔵法ハ今ノ大和綴トイフモノニテ綫装ニアラス、コレニテモ蝴蝶装トイフモノノ古ヨリアリタルヲ證スヘキ也、

と、両書の装訂形態を根拠に、綫装（線装＝唐綴）ではない大和綴は古くから存在すると述べているが、大和綴を蝴蝶装と混同している(5)。

吉澤氏は右三説に依拠して論を展開されているものと推測されるが、さらに、この吉澤説を前提に大和綴Bを「大和綴」であると、前掲書及び『図書形態学』の中で積極的に提唱されているのが、田中敬氏である。田中氏は江戸時代前期からの粘葉装と大和綴の混同を整理し、さらに右掲の望月三英以降の諸学説を検証して、大和綴Bを「大和綴」と結論付けられている。三英以下の学説に依拠した両氏の研究による限り、江戸時代には装訂に関心のある学者の間で、大和綴Bが「大和綴」と称呼されていた事実は動かせないように思われる。ゆえに、最近では両氏の学説を積極的に支持する声も高まってきている(6)。

以上のように、江戸時代には大和綴Bが「大和綴」と考えられていたようである。しかしながら、これで大和綴に関する全ての問題が解決したわけではない。はたして、大和綴Bを大和綴と称する実例は存在するのであろうか。また、大和綴という装訂称呼は、何時頃まで遡及できるのであろうか。もし、江戸時代以前に遡及できないとすると、大和綴Bで装訂してある平安・鎌倉時代の遺品がたとえあったとしても、それを「大和綴」と称呼することに問題はないのであろうか。そして、日本書誌学会が「大和綴」と主唱する大和綴Aは、

なんと称呼されていたのであろうか。

次章では、こうした未解決の大和綴に関する諸問題を歴史的に検討してみたい。

五、文献に登場する大和綴

大和綴という称呼は、いかにも典雅で古風な感じを抱かせるものではあるが、平安時代や鎌倉・室町期の古記録に所見することはできない。管見に及んだ限り『守武千句』の、

古る草帋はいつちさためん　葎生《お》ふる宿は唐とち大和とち

という句が、最古の事例である。しかしながら、前述のようにこの句から、装訂方法まで類推することは困難である。確実なのは、荒木田守武（一四七三〜一五四九）が生存した室町時代後期には、唐綴・大和綴両様の装訂方法があった、ということである。

次に、大和綴Bによって装訂されていた可能性が高い書籍の装訂方法と称呼を窺知できるものに、『駿府政事録』の慶長十九年（一六一四）七月十六日条の、

今日、冷泉為満定家自筆卅六人歌撰一冊持参備二御覧一、定家卿歌書雖レ多レ之殊勝之筆跡云々、一人歌十首充有レ之、其内定家用之給歌一人十首之内、二首充以二切薄砂子紙一付レ紙云々、遺書之内尤奇異之筆跡之由云々、鐵杖閉以二唐組打交絲一閉レ之、四半本也、

という記事がある。同年三月二十五日、冷泉為満は徳川家康の招きに応じて駿府に下向。その後江戸まで足を

延ばして将軍秀忠に謁し、七月十日に再び駿府に戻り、家康と歌道談議を行っている。そして、十六日に先祖定家自筆の「三十六人集」を家康に披露したのだが、それを伝えるものが右掲記事である。ここに見える「鐵杖閉以二唐組打交絲一閉レ之」は、定家が作成した歌書である点と、唐組打交絲で縫綴されている点から、大和綴Bであった可能性が指摘されている。それは、この装訂について『古事類苑』文学部四十「書籍下」が、

　按ズルニ、鐵杖閉ハ、粘葉閉ニテ糸ヲ表ニ露ハサザルヲ云フナラン、

と注し、鐵杖は粘葉の訛伝としているためである。しかしながら「唐組打交絲」は、決して細い糸であったとは考えられない。鎧の緘しを赤の組紐で緘してあっても、赤糸緘しというように、絲とあるからといって文字どおり細い糸とは即断できないのである。むしろ「鐵杖閉」とは、後掲七節の「結び綴」であった。つまり錐のようなもので、表紙上から穴をあけ、紐を通したものと推測される。

なお、田中敬氏は『古事類苑』の注を一歩進め、当時、粘を使用した粘葉と絲を使用した大和綴Bが混淆されるようになったことを伝える記事と解釈されている。一方、日本書誌学会の「新刊書誌学関係書籍批判坐談会速記録」には、

　慶長時代のお公卿さんの或人は絲で綴つたものをてつちようと言つて居たのですね。さうすれば粘葉といふ言葉は粘づけでなければならないのですけれども、原来は粘づけだといつても、それから発達した絲綴のものもやはり粘葉と言つて居つた事になります。それならば、それも粘葉でよいのかも知れません。

という見解が示されている。つまり、「鐵杖閉」は大和綴Bであるというのである。しかしながら、『駿府政事

録』の記事からは、大和綴Aが「鐵杖閉」と称呼されていたことしか窺知できない。「鐵杖閉」とは前に述べたように錐で穴をあけたものと考えざるを得ない。

次に、「大和綴」という用語が文献に登場するのは、元禄十六年（一七〇三）に成立した『不断桜』の中である。同書は、

紀行も小遣帳も大和綴、

という句を所載しているが、紀行や小遣帳は大福帳の様な形式で綴じられているものが多いから、ここに見える「大和綴」は、おそらく大和綴Bを指しているものと推測される。さて、この時代以降に成立した前掲望月三英以下の提唱する「大和綴」は、いずれも大和綴Bを指す。そうすると、元禄年間をあまり遡らない時期から、大和綴Bを大和綴とする認識が広く定着するようになったのではなかろうか。

六、大和綴Bを大和綴とする実例と異説

ところで、江戸時代の大和綴Bで装訂された書籍の中には、装訂方法をわざわざ「大和綴」と注記してあるものが存在する。現在宮内庁書陵部に所蔵されている鷹司家の旧蔵書を整理された中村一紀氏の「鷹司家文庫の書誌的研究」によれば、(7) 鷹司家の旧蔵書の中には、『奥盡抄』（鷹―七一七）をはじめ大和綴Bで装訂された書籍の蔵書札に「大和閉（綴）」と記されたものが、十数点存在するという。中村氏によれば、この蔵書札は江戸幕末に付されたものであるというが、氏は同論文の注（13）の中で、

その装訂はすべて現在一般に通行している大和綴ではなく、綴葉装あるいは列帖装と呼ばれる装訂である。大和綴についてはどの装訂を指すのか議論のあるところであるから、ここでは江戸時代末期の「大和綴」の実際の称呼例として挙げておく。

と極めて慎重にではあるが、江戸時代には大和綴Bが「大和綴」と認識されていたことを実例から報告されている。

筆者が実見した書籍の中にも、大和綴Bで装訂され、表紙中央の外題の下方に、あたかも副題のように「ヤマトトチ」と注記してあるものが存在する。それは、現在、お茶の水図書館の成簣堂文庫に所蔵されている「点図之本」である。本書の寸法は縦横一七・三×一二・四糎で丁数四丁、一丁目に「東坊城」という蔵書印が捺されてあり、改装された形跡はない。蔵書印や内容から、紀伝道を歴代家職とした公家である菅原姓東坊城家に伝来したものと推測される。奥書によれば、後に後桃園天皇となる皇太子英仁親王の御読書始を前に、明和二年（一七六五）八月二十二日に製作されたことがわかる。著者は定かではないが、東坊城綱忠、若しくは孫の益良ではないかと推測される。装訂は、料紙を全部表面が外側になるように二つに折り、この二つ折りになった紙を一枚と同様に扱い、数枚を重ねて内側に折り、折り目を紙捻で綴じた「双葉列帖装」である。(8) 料紙に鳥の子紙は使用せず、紐や糸を用いないで紙捻で綴じた仮綴ではあるが、大和綴Bとほぼ同様の装訂である。

「点図之本」とは皇太子の御読書始に献上される乎古止点を図示した本であるが、侍読を拝命した清原・菅原両氏の者が、その度毎に調進したものであった。本書は「ヤマトトチ」と副題のような注記があるため、一見したところ、大和綴に関する書物かとも思われる。しかしながら、内容は乎古止点や御読書始に使用する角筆及び「点図之本」の装訂が図示してあり、大和綴の綴方に主眼を置いた書物でないことは明白である。「ヤマトトチ」という表紙の注記は、やはり本書の装訂を指していると考えた方が自然である。

さて、紀伝道を家職とする菅原姓の堂上家である高辻・唐橋・東坊城・五条・桑原・豊岡等の諸家は、皇太子御読書始の侍読を拝命すると、「点図之本」を本書と同様大和綴Bで装訂、献上していたようである。本書には、前代桃園天皇の皇太子時代の御読書始に献上した本の装訂について、

三枚トヂ、ウラオモテヲ

寛延度ハ上下トヂ中程真結ヒ強紙、

と、記してある。上下に綴じ、中程を真結びにするのは、紛れもなく大和綴Bの綴方である。鷹司家旧蔵本の他に、紀伝道の家にも明和二年の年付をもち、その装訂を明らかに「ヤマトトチ」と注記してある大和綴Bの本が伝来されている以上、江戸時代に大和綴Bが「大和綴」を指すと認識されていた事実は、動かせないのではなかろうか。

だが、同じく江戸時代に、大和綴Bの他に「大和綴」が存在すると主張する有職故実関係の文献がないわけではない。それは、神宮文庫が架蔵する『調度口伝』である。製作年代に関して明記はないが、おそらくは江戸時代に成立したであろうと推測されるものである。本書の「綴様」は『古事類苑』にも引用されているが、元来が判然としない記事である上に脱字が多く、文意が全く通じない。そこで、神宮文庫に所蔵されている『調度口伝』（七門一四八一）の該当部分を全文左に掲出し、検討を加えたい。なお、櫛笥節男氏には「大和綴

について―歴史史料からの検証―」(『書陵部紀要』第四十八号、平成八年)で架蔵番号の間違いを指摘されたが、平成二十三年八月一日神宮文庫で、架蔵番号に間違いはないことを確認してきた。

一、綴様

(1)ふくろとちと称するハ紙を三ツ折ニしてとつるなり、都而此とぢよふ也、穴を四ツ明て綴る、又角を二重ニして綴ルを七ツトチト云、(2)又本ノ長サを五ツ割リ中を二所トツルヿ古風なり、名目ハなし、紙を畳て閉ル、糸ニてトツルト二品なり、糸ニてとつる時は、裏ニ三所結メあるなり、(3)又大和綴ト云ハ紙を二ツ折タル折目ノ形ヲトツル、一冊二冊ト云、

さて、右掲記事の(1)の部分は、線装の袋綴についての記述である。この箇所とても意味不明瞭なところがあるが、冒頭に「ふくろとち」とある以上線装の袋綴に関するものと判断せざるを得ない。そして、(2)が問題の粘葉と大和綴Bの装訂について説明した箇所である。粘合と糸による縫綴の差があるとはいえ、料紙を内側に折る点は、両装訂ともに変わらない。そこで、粘葉と大和綴Bが混淆されるようになり、本書のように同箇所で解説されているものと思われる。そうすると、大和綴とはAを指していることになるのであろうか。だが、(3)の「又大和綴ト云ハ紙を二ツ折タル折目ノ形ヲトツル」という説明もまた要領を得ず、大和綴Aの装訂方法を説明したものとするには、躊躇いがある。

ここでは、大和綴Bを「大和綴」とする見解が大勢を占めるようになった江戸時代でも、大和綴に関する見解に振幅が見られる、という点を指摘するに留めたい。幕末から近代前期に活躍した国学者榊原芳野は『文芸類纂』の中で、大和綴Bの装訂方法を詳細に図解しているにもかかわらず、それを「大和綴」とは呼んでいな

い。単に「今の冊子」の綴法と紹介しているだけである。だが、大和綴に対する見解に、右のような振幅があったとすると、それも納得がゆく。大和綴に関する見解の振幅は、近代以前には必ずしも厳密にではなく、漠然と中国渡来の線装とは異なる装訂に「大和綴」という称呼を用いてきたため、惹起したものと推察されるからである。

七、結び綴

さて、それでは、大和綴Aは江戸時代には如何なる称呼を付されていたのであろうか。前掲の『調度口伝』の説明から、大和綴Aを大和綴と推断することは困難である。そこで、現在大和綴に分類されている書籍の装訂を、江戸時代の文献に見てみるのが捷径であると思われる。しかしながら、近代以前は書目や書籍の内容には留意していたが、その装訂にまではあまり関心を払わなかったようで、装訂まで記載のある目録は少ない。しかし幸いなことに、今日まで書籍が伝来し、装訂称呼にも触れた江戸時代の目録も実見できるものがある。それは、徳川光圀により元禄四年正月に製作され、湯島聖堂大成殿に献上された『旧事記』・『古事記』・『日本書紀』・『続日本紀』・『続日本後紀』である。現在、『旧事紀』・『古事記』・『続日本後紀』の三冊は国立公文書館に所蔵されており、『日本書紀』と『続日本紀』は、宮内庁書陵部と国会図書館にそれぞれ所蔵されている。この光圀献上本の『日本書紀』について、所蔵機関である宮内庁書陵部は、『図書寮典籍解題』歴史篇の中で、

日本書紀　二十二冊　　五〇六・三

三一・七糎×二一・三糎、大和綴　茶水色斐紙表紙の中央に「日本紀一・二…三十」と外題あり、表紙見

返は絹地に金泥を以て雲霞をあしらつてある。本文用紙は斐紙。四周単辺木版の匡郭があり、一頁八行、一行十八字詰、一書曰は一字下げ別行に記し、註文は雙行に細書す、第二十二冊巻末に徳川光圀の識語があり、その名の次に「源光圀印」・「子龍父」の朱印を鈐す。元禄四年書写。

と、解説している。他の各機関が所蔵している『旧事紀』・『古事記』・『続日本紀』・『続日本後紀』も表紙の模様こそ若干の相違はあるが、『図書寮典籍解題』の解説に見られる『日本書紀』の装訂形態と全く同様である。『古事記』に関しては、所蔵機関である国立公文書館も平成元年に発行した「古書を伝える―先人の知恵と努力―」の中で、

仮綴をした本文と表紙を二本の紐で綴じ合わせる方法で、一般に「大和」と呼ばれるものである。

と、装訂に関して説明している。この徳川光圀献上本の装訂形態は大和綴Aであるが、宮内庁書陵部も国立公文書館も、それを「大和綴」と断定しているのである。

それでは、江戸時代の目録には、どのように光圀の献上本の装訂が記されているのであろうか。光圀献上本についての記載が見られるのは、上田元周重修元禄八年成立の『和漢名数大全』である。本書所載の「聖堂品々献上目録」には、光圀の献上本について、

○和朝史記　七部自述
旧事記　古事記　日本紀　日本後紀　続日本紀　続日本後紀　三代実録

文徳実録
書本也、表紙黄色、紫糸ムスビトヂ
筆者凡　岡三左衛門
五十人　嶋葉左衛門

と、記されている。右によれば、光圀は「和朝史記」の名のもと、『旧事記』以下八冊を書写させ、聖堂に献上したようである。現在、『文徳実録』・『三代実録』以上二冊の所在は確認できないが、残り五冊が伝存していることになる。(9)

さて、その装訂であるが、表紙が黄色である点（現在はやや変色して樺色、すなわち茶水色になっている）といい、紐（糸四本を用いてある）の色が紫である点といい、現存のものとまさしく一致する。これによる限り、宮内庁書陵部と国立公文書館が「大和綴」とする大和綴Aは、江戸時代の元禄年間には「ムスビトジ」（結び綴）と呼ばれていたことになる。このように、大和綴Aが江戸時代に結び綴と称呼されていたことが明らかである以上、筆者は大和綴Aは「結び綴」と称呼すべきと考える。

八、結びにかえて

さて、異説はあるものの、江戸時代には大勢が大和綴Bを「大和綴」と考え、大和綴Aは「結び綴」と称呼されていたことが明らかになった。ここで、大和綴という称呼が何故発生したのか、ということについて考えてみたい。先学によれば、線装の袋綴は中国明代に隆昌し、我が国には室町時代に伝来したという。そして、この新たに伝来した装訂方法を中国伝来ということで、唐綴と称するようになり、それまで我が国で行われていた糸若しくは紐で綴じる装訂方法を大和綴と称呼するようになったという。つまり、大和綴という称呼は、新来の唐綴に対して、我が国にそれまであった糸綴の装訂方法を漠然と指すために、発生したものと思われる。現在、西洋に起源をもつ料理を洋風といい、中国に起源をもつ料理を中華風というのに対し、従来から日本にあった料理法を和風という。大和綴という称呼も、当初はそういう意味あいで、使用されはじめたのではなかろうか。今日、線装の袋綴を唐綴とはあまり呼ばない。装訂形態から「四つ目綴」等と呼ぶことが一般である。「唐綴」が一般に使用されていない以上、それに対置する用語として発生した「大和綴」も室町時代以前のものまで使用するのは回避すべきではなかろうか。唐綴と同様に装訂形態に基付いて「綴葉装」・「列帖装」と呼んだ方が、厳密さを尊重する学術用語としては相応しいように思われる。

筆者が右のように考える背景には、いま一つの理由がある。我が国で大和綴と称される列帖装が、元来中国で開発された可能性が高いからである。

田中敬氏の『粘葉考―蝴蝶装と大和綴―』を寄贈された石井研堂氏は、田中氏の主張を入れ、列帖装を大和綴と認められている。(10)その上で、敦煌出土の縫綴の冊子『梁朝伝大士金剛経』を紹介され、同書が列帖装で装訂されている点に注目。同書の装訂は、宋代の欧陽脩の『帰田録』に葉子と見え、同じく宋代の『王氏談録』及びそれを再録した張邦基の『墨荘漫録』に縫綴（縫績）と見えるものと同じと推断され、

本邦の大和綴といふ綴方も邦人の創意に成ったものではなく、その源を唐宋時代に発し、上代にあつて仏家の勤行本などに因縁して舶来した一様式であらうと断じたいのである。

と、大和綴Ｂ即ち列帖装も中国伝来のもので、我が国の創意になったものではない、という注目すべき見解を述べられている。

田中敬氏は、『粘葉考—蝴蝶装と大和綴—』の中では『王氏談録』に見える装訂方法を線装とされていたが、『図書形態学』の第七章第四節「中国の縫綴」の中では、列帖装であることを石井氏の指摘を踏まえ認められた。しかしながら、遺品が少ないことと我が国の列帖装である大和綴とは糸のかけ方が相違するとして、こうした装訂方法は西洋から中国に伝わり、日本人の創意による大和綴（列帖装）とは違うと反駁されている。

だが、近年、石井氏の見解を裏付ける興味ある報告が行われている。それは、昭和六十三年発行の『私立大学図書館協会会報』91に掲載された仲井徳氏の「図書装訂史について—粘葉装と綴葉装を中心に—」である。同論文によれば、仲井氏は、ロンドンのＢＬ及びパリのＢＮで敦煌出土文書を調査された際、大和綴Ｂと同様の列帖装のもの十数点が存在することを確認されたという。氏はこの調査を踏まえ大和綴Ｂを大和綴とすることに疑義を挟まれているが、注目すべき報告である。

大和綴Ｂと同様の装訂のものが敦煌文書の中に存在するということは、大和綴Ｂ（列帖装）は決して我が国の創意にかかる装訂ではない、ということになる。石井氏が指摘されているように、中国で開発され平安時代頃に我が国に伝来し、以後長く定着したものと考えるべきではなかろうか。そして、線装の袋綴が伝来した頃には、伝来品であることを亡失するほど定着していたため、我が国古来の装訂と誤認されるようになり、以後徐々に大和綴と称呼されるようになったのではないか、と推測される。

考えてみれば、『古語拾遺』の序文を引くまでもなく、文字をはじめ紙や筆墨に至るまで全てが、元来中国からの輸入品である。装訂形態とて同様と考えた方が自然であろう。列帖装は江戸時代には大和綴と称されていたことは確認できる。しかし、もともと中国伝来のものであるならば、大和綴と称するのはいかにも矛盾している。やはり、大和綴とは称呼せず、「列帖装」もしくは他の装訂名称で呼ぶべきではなかろうか。最後に、筆者の私見を図示して本稿を擱筆したい。

大和綴A――――結び綴
大和綴B――――列帖装・綴葉装

注

（1）藤井隆『日本古典書誌学総説』（平成三年）等。
（2）『書誌学』第三巻五号所収。
（3）『書誌学』第一巻二号所収。
（4）未解決の問題が多いにも関わらず、大和綴Aを「大和綴」とする説は、最近の書誌学書にも採用されている。例えば、前掲藤井隆『日本古典書誌学総説』第三章「書籍の形状」及び杉浦克己『書誌学・古文書学―文字と表記の歴史入門』4「書物の形状とその取り扱い」（平成六年）等。なお、仲井徳氏も後掲論文の中で、右両氏とは違う立場から大和綴A説を支持されている。
（5）吉澤氏及び田中氏は、三英や守重が実見したという『千金翼方』と『楊氏家蔵方』は、粘葉装ではなかったか、と推測されている。国書刊行会本の近藤守重著『御本日記』には、当該条は見られない。わずかに、浅野長祚の『寒檠巣綴』に所見できるだけである。あくまでも引用文なので十分に注意しなければならないが、これが紛れもなく守重のものであるとすると、金沢文庫本に通暁し粘葉装の翻閲に便なるを主張する守重が、はたして粘葉装と大和綴を誤認するであろうか。この条文が正確であるならば、『千金翼方』と『楊氏家蔵方』は大和綴Bで装訂されており、守重は大和綴と胡蝶装を混淆していたということになろう。守重はともかく、この条文を引用した浅野長祚は、少なくともそう誤認していたようである。なお、山岸氏は前掲書の中で、両書は線装であったろうと推測されている。

（6）小野忠重『本の美術史』（昭和五十三年）及び中野三敏「版本書誌学談議」第十五回「糸綴じ本（大和綴じ）」（『新日本古典文学大系月報』）等が、田中説を積極的に支持している。また、『三英随筆』の記事や、後述の鷹司家旧蔵書の蔵書札に見える「大和閉」という注記から、大和綴Bを大和綴と断定したものに吉野敏武・櫛笥節男両氏共編の「和書に関する用語事典」（『日本歴史「古典籍」総覧』所収　平成二年刊）がある。

（7）『書陵部紀要』第四十四号（平成四年）所収。

（8）藤井氏（注）（1）前掲書。氏はこの中で、こうした装訂を「双葉綴葉装」と表記されているが、筆者は、後述のように「綴葉装」という用語は使用すべきではないと考えているため、「双葉列帖装」と表記した。

（9）光圀はこの時『日本後紀』を書写させていなかった。詳細は本篇第三章参照。

（10）石井研堂氏「晩唐時代の縫綴法は大和綴の祖か」（『書物展望』第三巻第一号所収　昭和八年）。

補記
本稿作成にあっては、図書の閲覧に際し、宮内庁書陵部・国立公文書館・神宮文庫・お茶の水図書館に、種々の御便宜をお図りいただいた。また、和泉新・木野主計・櫛笥節男・鈴木淳・小高英夫・宍戸忠男各氏より、数々の貴重な御教示をたまわった。記して謝意を表したい。

第二章　列帖装の淵源と我が国に於けるその称呼

一、はじめに

書籍の装訂の一種に列帖装というものがある。歌書等に多く用いられる装訂で、紙数枚を一折帖として糸で綴じ、その折帖を更に合綴して一冊としたものである。線装や結綴とは相違し、表紙に綴糸が表れないのが特徴である。この列帖装について、吉澤義則氏は、大正九年七月発行の『図書館雑誌』四二号に「和漢書の装潢に就いて」を発表され、以下のように述べられている。

粘葉はデッチョウと読む、我が国では之を訛ってレッチョウと云ひ、列帖の文字を当ててゐる、我が国の所謂列帖には二種ある。

一、前記支那に於けると同じく、一種の糊を以て一枚一枚に相接縫したもの。

二、丁度大福帳や洋書の綴ぢ方のやうに、数枚一所に二折し、その折目を絲でとぢて一帖とし、かくて得たる数帖を更に絲で合綴して一冊とし、表紙を加へたもの。

右によれば、粘葉を我が国では訛って列帖といい、その中には、綴合に糊を使用する第一種と、綴合に糸を使用する第二種があるという。糸を使用する第二種については、数枚を一所に重ねて内側に二折し、その折目を糸で綴じて一帖とし、数帖を更に糸で合綴するという説明から日本書誌学会が綴葉とする装訂と同一物であることが理解される(1)。この第二種を吉澤氏は史料までは掲出してはいないが、江戸時代の学者望月三英・吉田篁墩・近藤守重等の学説に依拠し、「大和綴」と断定されている。この吉澤説をさらに発展させ、列帖装即ち大和綴をわが国の創意にかかる装訂と結論付けられたのが、田中敬氏である(2)。なお、今日表紙の表から上下二箇所に綴穴を穿ち、組紐などで綴じた装訂を一般に「大和綴」と称する。しかし、そうした装訂が江戸時代には「結び綴」と称されていたことは、本篇第一章で明らかにしたとおりである。したがって、列帖装は、吉澤・田中両氏が指摘されているように、江戸時代には大和綴とも称呼されていたことは、ほぼ確実である(3)。しかし、だからといって、列帖装を本当に我が国の創意にかかるものと断定してよいのであろうか。実は、列帖装が中国唐宋代に存在したことを窺わせる文献があり、前掲江戸時代の三学者の中にも中国伝来の装訂とする者もいる。本小稿では、中国の文献その他を検討し、列帖装に関する私見を若干開陳したい。

二、中国の文献に見える列帖装と吉田篁墩の理解

中国宋代に活躍した王洙（九九七～一〇五七）は、「汎覧博記、至図讖算数音律訓詁篆隷之学、無所不通」といわれ、官吏としても学者としても高名な人物であった。この王洙がその著『王氏談録』の中で(4)、書籍の装訂の優劣について、以下のように述べている。

公言、作㆓書冊㆒粘葉為㆑上、雖㆓歳久脱爛㆒、苟不㆓逸去㆒、尋㆓其葉第㆒、足㆑可㆓抄録次叙㆒、初得㆓董子繁露数巻㆒、錯乱顛倒、伏讀歳余、尋㆓繹綴次㆒、方稍完復、乃縫綴之弊也、嘗与㆓宋宣獻㆒談㆑之、公悉命㆓其家所録書作㆓

粘法一（『王氏談録』）

王洙によれば、当時書籍の装訂には粘法（粘葉）と縫綴などがあった。書籍の装訂には粘法が最上で、「雖二歳久脱爛一、苟不二逸去一、尋二其葉第一、足レ可二抄録次叙一」という長所を持っていた。一方縫綴は、一度綴糸が切断されると「錯乱顛倒、伏讀歳余、尋繹綴次、方稍完復」という短所があり、復元が困難であるという。そうした書籍の装訂について、王洙が宋宣献と論断した時、王洙はその蔵書を悉く粘葉に改めたという。

この王洙の説に依拠し、粘法の優れていることを主張したのが、十二世紀初頭の宋代の人張邦基である。彼はその著『墨荘漫録』の中[5]で、縫綴を縫績と表記し、

王洙原叔内翰常云、作二書冊一粘葉為レ上、久脱爛、苟不二逸去一、尋二其次第一、足レ可二抄録一、屢得二逸書一、以レ此獲レ全、若二縫績一歳久斷絶、即難二次叙一、初得二董氏繁露数冊一、錯乱顛倒、伏讀歳余、尋三繹綴次一、方稍完復、乃縫績之弊也、嘗與二宋宣獻一談レ之、宋悉令三家所録者作二粘法一、予嘗見二舊三館黄本書及白本書一、皆作二粘葉一、上下欄界出二於紙葉一、後在二高郵一、借二孫老家書一、亦如レ此法、又見二錢穆父所レ蓄、亦如レ此、多只用二白紙一作レ標、硬黄紙作二狹簽子一、蓋前輩多用二此法一、予性喜二傳書一、他日得二奇書一不三復作二縫績一也、

（『墨荘漫録』四）

と、縫績という装訂の粘法に劣る点を指摘し、当時粘葉装が書物装訂の主流になりつつあったことを伝えている。それでは、縫綴若しくは縫績と称呼される装訂はどのような装訂であったのであろうか。

我が国江戸時代後期の儒者であり、優れた書誌学者でもあった吉田篁墩は、その著『近聞寓筆』巻三の中で

前掲の王洙説を引用・解釈して以下のように述べている。(6)

宋王洙談録云、作二書冊一粘葉為レ上、雖二歳久脱爛一、苟不二逸去一、尋二其葉第一、足レ可二抄録次叙一、初得二董氏繁露数巻一、錯乱顛倒、伏読歳余、尋二繹綴次一、方稍完復、乃縫綴之弊也、嘗与二宋宣獻一談レ之、公悉命三其家所録書作二粘法一、按粘葉毎葉以レ糊粘二其脳一、疊摺成レ冊者、今謂二之列綴一、〈古時書冊往々如レ此、仁和寺所レ蔵古本医心方、亦此式也、今之葉子、是其変法、粘葉粘二摺折處一為レ脳、葉子反レ之、且代レ糊以レ絲縫レ之耳、密宗僧多用レ之、或是唐代遺法、〉縫綴、今謂二之大和綴一者、蓋上半属二首葉一、下半属二末簡一、一致二縫断一、錯乱尤甚、又有二蝴蝶装一〈見二通雅一〉旋風葉〈見二読書敏求記一〉等之名、未レ詳二其制一、據二其名一、蝴蝶装是列綴、旋風葉是大和綴、約略當レ是已、(吉田篁墩『近聞寓筆』巻三)

さて、「按粘葉」以下が吉田篁墩の王洙説に依拠した書籍の装訂に関する考証である。篁墩は、粘葉とは毎葉糊をもってその脳を粘じ、畳摺して一冊としたもので、当時はこれを列綴と称呼していたと述べている。さらに、その実例として、仁和寺所蔵の『医心方』を挙げている。この『医心方』は、今日も同寺に現存しており、その装訂は紛れもない粘葉装である。したがって、ここからは篁墩の活躍していた江戸時代後期には、粘葉装は「列綴」とも称呼されていたことが確認される。ついで篁墩は、今の葉子の装訂は糊の代わりに糸を用いて縫われており、密宗の僧侶の用いる冊子に多く見られると指摘、これは唐代の遺法かもしれないと推測している。この篁墩のいう当時の葉子は、「粘葉粘二摺折處一為レ脳、葉子反レ之、且代レ糊以レ絲縫レ之耳」という装訂上の特徴から線装のことを指しているものと思われる。さて、その次に「縫綴」という装訂について篁墩は私見を展開しているが、「縫綴」という装訂については、明白に当時大和綴と称呼されていた装訂と同様と断言している。そして、その特徴として一葉の上半が首葉に属し、下半が末箇に属しているため、一度綴糸が切断されたら錯乱が甚だしい点を挙げている。その後、旋風葉を大和綴であると不可解な説明もしているが、篁墩は、基本的に王洙のいう縫綴（縫績）を我が国でいう大和綴と理解していたようである。時代には懸隔があるが、王洙と篁墩が指摘する縫綴（大和綴）の欠点は、今日列帖装とも綴葉装とも称呼される装訂の欠点と全く符合する。したがって、列帖装という装訂の起源は、中国唐宋代に求められのではなかろうかと推測される。(7)

三、近現代に於ける「縫綴」の解釈

江戸時代後期の学者吉田篁墩は、上記のように、王洙のいう縫綴という装訂を列帖装と理解し、当時は大和綴と称呼されていたことを明らかにしている。しかし、この篁墩の理解が近・現代にまで継受されたわけではなかった。前掲の田中敬氏は、『王氏談録』を解釈し、

是等の記事によつて北宋時代には粘葉が弘く行はれて居つたことを知ることが出来るのである。当時既に袋綴、即ち現代普通に見る唐本仕立の製本様式が行はれ出して居たものらしいが、一度び綴絲が断れると全部の紙葉が忽ち散乱錯雑して次序を知り難きに至る欠点があるので、愛書家は之を喜ばず、粘葉が依然優位を占めて居たものと断じて差支なきもののやうに思はれる。（『粘葉考—蝴蝶装と大和綴—』）

と述べられている。すなわち、田中敬氏は北宋時代には粘葉装が広く行われていたが、当時すでに袋綴の線装も行われるようになっていたとされている。つまり、縫綴を線装と理解されたのである。同様のことは長澤規

矩也氏も揚言されており、『王氏談録』に見える縫綴という装訂について、

支那では宋の張邦基の墨荘漫録巻四に、王洙の言を引いて、書冊は粘葉を上とし、粘葉ならば、脱爛しても、逸去しないので抄録しうるが、縫績の書は断絶すれば次序しがたいといった。王洙の王氏談録には縫績といわず、縫綴という。この二語が線装のことなら、線装本はすでに宋代にあったことになる。（『書誌学序説』第二篇第二章）

と述べられ、線装のことと理解されている。

こうした縫綴を線装と理解する説に対し、縫綴とは列帖装のことで大和綴の祖であると主張する研究がある。それは石井研堂氏が昭和八年に発表された「晩唐時代の縫綴法は大和綴の祖か」である。[8] 石井氏は列帖装を大和綴と主張する田中敬説を容認した上で、敦煌出土の縫綴一冊子『梁朝伝大士頌金剛経』を紹介し、その装訂が田中敬氏が主張する大和綴（列帖装・綴葉装）と同様であることを指摘され、大和綴の起源は縫綴であると推測されている。石井氏が『梁朝伝大士頌金剛経』を大和綴の祖と考えられた根拠を、その研究に見てみると、同書の綴じ方は、

本書のとぢ方は、普通大和綴と称するものの一種で、紙五枚を重ねて一度に二つ折りにしたるものを六折重ねて綫縫している、本の脊が、表皮の絹に隠れてゐるので糸のあやは見られないが、毎折ともに、折谷の一線上、天地四分ばかりづつを残し、その間（約四寸）に六つの孔を明け、孔毎に綴糸を脊の方に通し、糸の掛らない部分が無いやうなとぢ方である。ただ第三折の綴糸だけは、挿版左方に示すやうな綾に

なつてある。其綴上りは、恰も今日の学生用ノートブックに似、前人の縫綴といふ語の縫の字がピツたり叶つてゐる。綴糸は絹らしく、太めの紙より程の太さあつて、極めて武骨なものである。

となっており、大和綴（列帖装・綴葉装）の装訂と極似している。
石井氏はこの『梁朝伝大士頌金剛経』の装訂を王洙がいうところの「縫綴」と考えられ、その装訂上の欠点について、

もし綴糸が切れて各頁錯乱したと仮定すれば、元来数枚一度に折り重ねた紙であるから、第一丁をなす第一紙の表左半分は第一丁の表、右半分は第八丁の裏、第一紙の裏は、第一丁の裏と第八丁の表と相隣り、葉第が数丁飛んで飛々になつてをる。（中略）王氏もこの金剛経のやうに、数枚一度に折つた綴本で、丁付けが飛々になるので苦んだのであらう。そして之を今日の袋綴にする考はまだ出ず、遂にこれ縫綴の弊なりとして之を排斥し、尚縫綴に似せた粘葉に満足を求めたのであらう。

と述べられ、王洙が縫綴を排斥した理由について考察されている。そして、

本邦の大和綴といふ綴方も、邦人の創意に成つたものではなく、その源を唐宋時代に発し、上代にあつて仏家の勤行本などに因縁して舶来した一様式であらうと断じたいのである。

と、大和綴は中国舶来の装訂であると結論付けられた。
こうした吉田篁墩の説を一歩進め、実証的に大和綴が縫綴であることを明らかにされた石井氏に対し、田中

敬氏は『図書形態学』の第七章第四節「中国の縫綴」の中で、石井氏の紹介された『梁朝伝大士頌金剛経』を前提に、

王洙の所説を裏書きするに足る実物が現はれたので、彼の国にも此の綴方の行はれた時代のあつたことは一応確かめられた。

と、王洙のいう縫綴が線装ではなく列帖装であることを容認された。しかし、縫綴と大和綴とは糸のかけ方が相違する点と、遺品が一点しか存在しないことを理由に、縫綴と大和綴には連絡はないと、断定されている。

四、最近の列帖装に関する研究と敦煌出土の列帖装の実例

ところで、一九八八年仲井徳氏が「図書装訂史について—粘葉装と綴葉装を中心に—」を発表され、ロンドンのBL、パリのBNに架蔵されている敦煌出土文書中の綴葉装（列帖装）の書籍について報告された[9]。それによれば、BL・BN両館には、敦煌出土の綴葉装の書籍十数点が確認されたという。この調査を踏まえ仲井氏は、

これによって、綴葉装は日本独自の装訂法ではなく、一〇世紀、五代の頃には既に中国で発明されていたことになり、大和綴という名称は似つかわしくないと言えよう。

と、綴葉装という装訂は十世紀に中国で発明されたと推測され、したがって綴葉装を田中氏のように大和綴と称呼することは相応しくない、と主張されている。前に触れたように、田中敬氏は前掲書の中で、遺品が一点

しか存在しないことと、糸のかけ方が相違する点から中国の縫綴と大和綴は別物であるとされた。そして、大和綴は、我が国が独自に創意した装訂であることを再確認されているのである。しかし、BL・BN両館併せて十数点の敦煌出土の綴葉装の書籍が存在している以上、遺品が僅少であるという理由で、中国の縫綴装と大和綴（列帖装）との関係を無視することはできないのではなかろうか。また糸のかけ方が相違すると言っても、紙数枚を一折帖とし、それをさらに数帖合綴するという構造は、中国の縫綴も我が国の大和綴（列帖装・綴葉装）も同様である。したがって、筆者も列帖装は中国で発明され、日本に舶来されたとする石井・仲井両氏の説を支持したい。そして、王洙が「縫綴」といい、張邦基が「縫繢」という装訂は、吉田篁墩が言うように、我が国では後世大和綴と称呼されたものと推測される。

筆者が上記のように考えるのには、いま一つの理由がある。左に掲出した写真（1）・（2）は、和泉新図書館情報大学名誉教授より提供された敦煌出土の『金剛般若経』である。現在、敦煌研究院に所蔵されており、和泉教授によれば、宋代の遺品であるという。（1）が見開きで綴糸の見える部分、（2）は背の部分である。この写真から見る限り綴穴は六穴で、糸はより糸が使用されているようである。この『金剛般若経』と、國學院大學図書館が所蔵している鎌倉時代に製作されたと推定される『親行本新古今和歌集』（貴―15～16）の写真（3）・（4）の綴糸の見える部分と背の部分を比較していただきたい。敦煌出土の『金剛般若経』は六穴の列帖装で六折帖から成っている。一方『親行本新古今和歌集』も六穴の列帖装で上巻は十四折帖、下巻は十三折帖から成っている。敦煌出土の『金剛般若経』と『親行本新古今和歌集』は表紙や綴糸の結び方など装訂の上で、当然のことながら相違は見られるものの、構造的には全く同様なのである。[10]

石井氏及び仲井氏の研究や、この『金剛般若経』の写真を見る限り、列帖装の原型は古く中国で発明され、

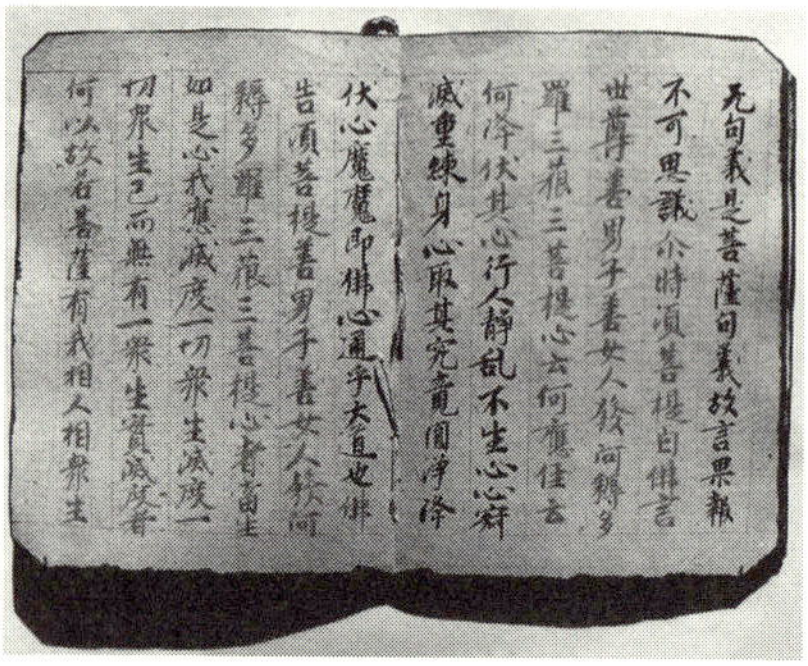

(1)

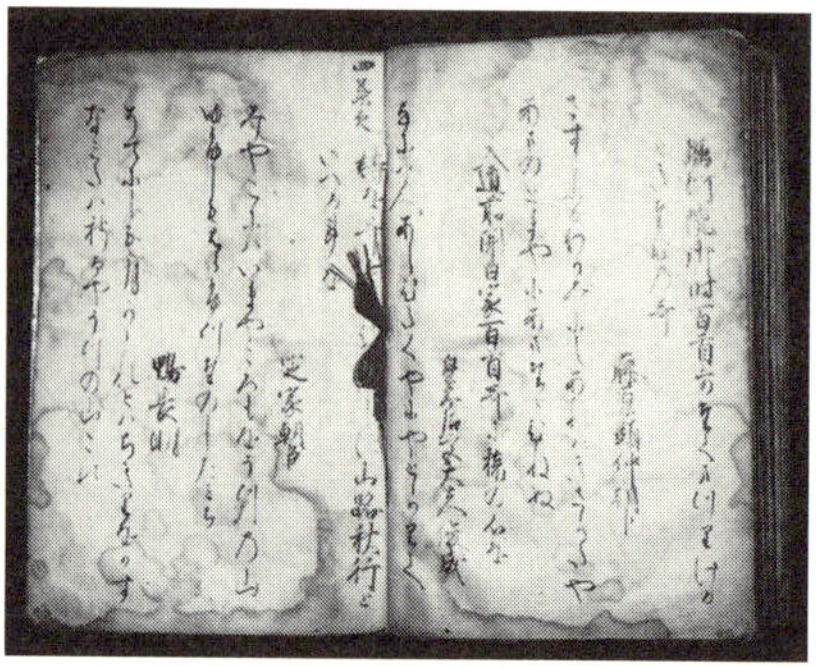

(3)

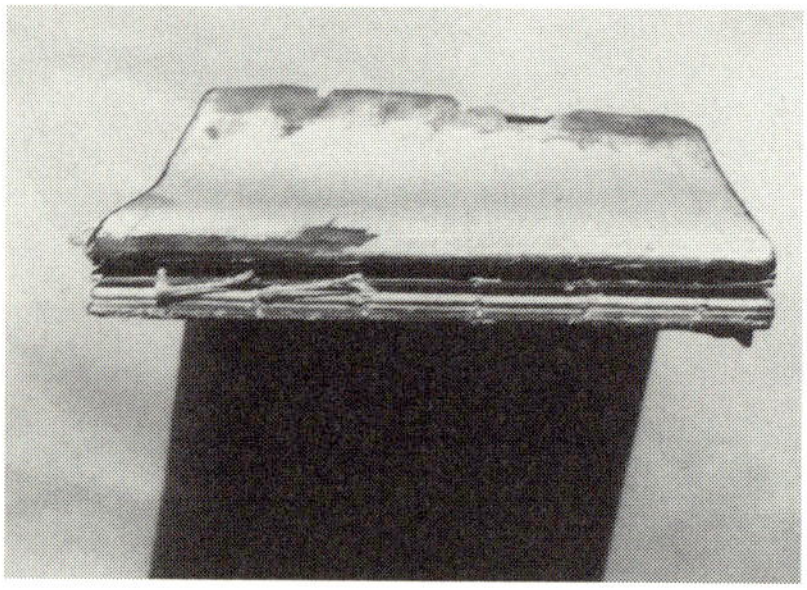

(2)

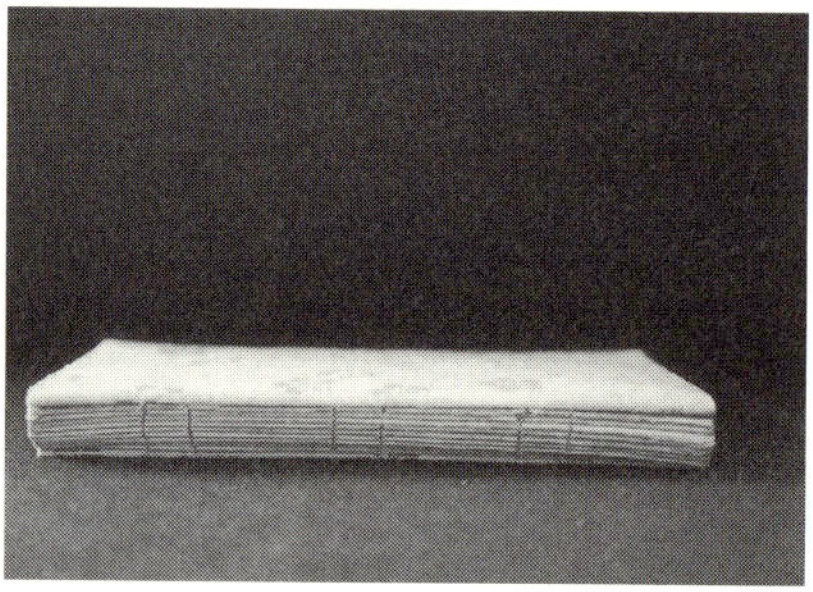

(4)

我が国に舶来されたものと考えざるを得ないのではなかろうか。

ところで、何故、列帖装は発明された中国では早くに衰退し、我が国に長く定着したのであろうか。一つには、王洙が主張しているように、綴糸が切断されると、錯乱が甚だしいということが挙げられよう。しかし、それだけが理由とは考えられない。何故なら我が国では、書写時代ばかりではなく、木版印刷が隆昌した江戸時代以降も、歌書の装訂として列帖装が行われているからである。

それでは、中国に於ける列帖装衰退の理由として、他にどのようなことが考えられようか。より紙を薄く漉くことに成功した中国に於ける製紙技術の進展も原因の一つであろう(11)。だが今一つには、一度綴糸が断絶すると、全ての紙葉が散乱錯雑して次叙しがたいという列帖装の宿命的欠点も看過できない。そうした列帖装の宿命的欠点は、換言すれば木版印刷に不向きであることを意味するからである。もし、列帖装に装訂することを前提に印行するとなると、我が国の本阿弥光悦が製作した『観世流謡本』のように版面の配置をかなり工夫しなければならない。本阿弥光悦という江戸時代初期を代表する芸術家が、労を厭わず装飾に贅を凝らして製作した『観世流謡本』や故実を尊重する高野版のような仏典ならいざしらず、普通の書籍を製作するのにわざわざ煩雑な作業行程を選択するであろうか。[12]この版面の配置にかなりの工夫を要する点が、中国で列帖装を衰退させた一つの原因とは考えられないであろうか。印刷に不向きな列帖装（縫綴）は、書写時代が長く続いた我が国ではその後長く定着し、印刷時代に入っても、それに順応して新たなる展開を遂げた。しかし、早くに印刷の時代に入り、それが盛行した中国では、先学も指摘されているように、印刷に不向きであることも一つの原因となって、淘汰されたものと推測される。[13]

五、列帖装の我が国に於ける称呼

これまでの考察から、中国宋代に「縫綴」及び「縫續」と呼ばれた書籍装訂が、今日列帖装・綴葉装等と称呼される装訂であったことが明らかになった。それでは、こうした装訂は我が国では、どのように称呼されていたのであろうか。結論から言えば旧稿で触れたように、「大和綴」と江戸時代には呼ばれていたようである。[14]何故こうした称呼が発生したのであろうか。その理由は、室町時代に後世和装本装訂の主流になる糸綴の線装本が舶来され、同じく糸綴とはいえ、それとは異なる列帖装が、古くに舶来されたことが忘れられ、我が国独特の装訂と誤解されたことに起因していると推測される。この後線装本は唐綴と称呼され、それに対置する装訂用語として列帖装は大和綴と称呼されたものと思われる。

大和綴という称呼は、いかにも典雅で古風な響きを持つものであるが、上記の事実を裏付けるように平安時代や鎌倉時代の古記録に所見することはできない。天文九年（一五四〇）に成立した『守武千句』の、

古き双帋をはいつちさためん　葎生る宿はからとち大和とち

という句に見られる「大和とち」という記述が、最古の初見記事であるといわれている。しかしながら、この句から、具体的な装訂方法まで類推することは困難である。確実なのは、荒木田守武（一四七三～一五四九）が生存した室町時代後期には、唐綴・大和綴両様の装訂方法があった、ということである。

だが、当時、列帖装が大和綴と称呼されていたであろうことを類推させる史料が存在しないわけではない。國學院大學図書館には室町時代末期の書写になる『新古今和歌集』二冊〈貴―一八六二一～一八六二二〉が、架蔵されている。表紙左上の題簽に「新古今和歌集上〈下〉」とあり、巻頭には「新古今和歌〈集〉抄巻第一」とある。寸法は縦二三・三糎、横一六・〇糎。上冊・下冊ともに料紙は斐楮交漉で、装訂は列帖装である。表紙は茶色艶出で、上下冊ともに前二葉・尾三葉の遊び紙がある。この『新古今和歌集』下冊の享禄五年（一五三二）の年付けのある書写奥書によれば、

右両冊石摺唐紙二枚合表裏一行常
鳥子四半切大和閉之、勢分羽子也、今河五郎氏輝
秘蔵、逍遥院被加證明、一見之次校合、宗長所々

助成之、仮名如御奥書被切出歌同詞等
相違朱引之、異本之勘失宸筆分者加朱
点、一本又令書写、尤可為證本、于時享禄第五
暦重陽記之畢、
泰昭印

とあるように、本書の底本は駿河国の戦国大名今川義元の兄今川五郎氏輝秘蔵本で、それは大和閉で装訂されていたという。ところで、「大和閉之、勢分羽子也」という文言は、何を意味しているのであろうか。もし、大和閉（綴）で装訂されている本書の装訂上の特徴を表記しているのであるとすれば、見開きの状態が蝶の羽を広げたところに似ているために、後世蝴蝶装と混同されるようになった列帖装の特徴と合致する。そうすると、まさに氏輝本は列帖装で装訂されていたことになり、当時そうした装訂を大和閉（綴）と称呼していたことが証明される。また、本書が装訂まで底本の氏輝本を忠実に模倣しているとすれば、これも列帖装が室町時代後期に大和閉（綴）と称呼されていたことの徴証となろう。いずれにしろ、たとえ装訂は異なっていたとしても、この奥書による限り、享禄五年当時大和閉（綴）という装訂用語が存在したことは確実である。これは、荒木田守武の『守武千句』が成立した時点より八年ほど早い。したがって、氏輝本『新古今和歌集』に記載されている書写奥書は、現在のところ、大和閉（綴）という装訂用語存在の絶対年代を特定できる最古の初見記事といえよう。そして、これまで漠然と指摘されてきた室町時代に於ける列帖装の称呼が大和綴であるという可能性が、氏輝本『新古今和歌集』奥書の発見により、高まったと思われる。

ところで、日本書誌学会の「新刊書誌学関係書籍批判坐談会速記録」には、

慶長時代のお公卿さんの或人は絲で綴つたものをてつちようと言つて居たのですね。さうすれば粘葉というふ言葉は粘づけでなければならないのですけれども、原来は粘づけだといつても、それから発達した絲綴のものをもやはり粘葉と言つて居つた事になります。それならば、それも粘葉でよいのかも知れませんね。

という『駿府政事録』に見られる「鐵杖閉」に関して、糊付けではない粘葉装（すなわち綴葉装）と見る見解が示されているのみである。(15)

ところで、『古事類苑』の注や「新刊書誌学関係書籍批判座談会速記録」の右掲記事から鐵杖閉を、今日でも、

古人はこの綴ぢ方を粘葉装と区別せずに『鐵杖閉』（てつちやうとじ）等と呼んでゐるが（川瀬一馬『日本書誌学概説』）

てつじょうとじ　鐵杖閉　粘葉装と同じ。（『図書学辞典』）

「綴葉装」の名は、昔この装訂を「鉄杖閉」（テッチョウトジ）と呼んでいた所から（以下略）（藤井隆『日本古典書誌学総説』）

等のように、テツチャウトジ・テツジョウトジ・テッチョウトジと訓じ、デッチョウと紛らわしく呼んでいる研究が多い。だが、『日葡辞書』には鐵杖は「Tetgio とあり、当時にあってはテッヂャウと発音していたよう

である。テッチョウではなくテッヂャウと発音していたとすると、これは綴帖という用語の音をうつしたものと考えるのが自然ではなかろうか。(16) したがって『古事類苑』がいうように、鐵杖を粘葉（綴葉装）と理解し、それを受けて、さらに列帖装と混同するようになったと考えるのは難しいように思われる。本篇第二章で触れたように、鐵杖綴は幅の広い唐組打交糸で綴じられていたことから考えて、結び綴と考えた方が無難なように思われる。

六、結語

以上の考察から明らかなように、我が国で今日列帖装・綴葉装・大和綴と称呼される装訂形態の原型は、宋代の中国に存在し、彼の地では縫綴・縫繢等と称呼されていた。

この装訂は、我が国には平安時代頃渡来し、主に歌書の装訂に広く用いられ長く定着した。印刷時代に入った中国では印刷に不向きであるが故に早くに排斥されたこの装訂は、書写時代が長く続いた我が国では、その命脈を保ったのである。

やがて、我が国の室町時代に、丈夫な線装という糸綴の装訂が渡来すると、人々は中国伝来ということで、これを唐綴と呼んで珍重した。そして同時に中国では廃絶し、上記のような理由で我が国にのみ伝存していた列帖装を人々は日本独特の装訂と誤解し、大和綴と称するようになったものと思われる。つまり、同じく糸で縫綴した唐綴に対置する用語として大和綴という用語は、発生したものと推測される。だが、誰もが列帖装を大和綴と称呼したわけではないことは、江戸時代に至っても定義に振幅があったことから明白である。つまり、江戸時代に吉田篁墩が『王氏談録』から推考し、石井氏や仲井氏が敦煌出土典籍から指摘されたように、列帖装は中国唐宋代に発明された縫綴に淵源する装訂と考えられよう。

擱筆するにあたって、本稿で明らかになったことを改めて整理してみよう。中国唐宋代に存在した縫綴・縫繢と呼ばれる装訂は、平安時代頃に我が国に伝来、定着した。この装訂は、我が国では線装の唐綴伝来に伴い、室町時代後期頃より大和綴と称呼されるようになったと考えられる。そして、遥か後世に至って蝴蝶装・列帖装・綴葉装とも称呼されるようになったのではなかろうか。参考として左に「列帖装称呼変遷図私案」を掲出し、結びにかえたい。

列帖装称呼変遷図私案

中国宋代　日本室町時代　江戸時代　日本近代　昭和九年

縫綴

縫繢

大和閉（綴）

大和綴

蝴蝶装

綴葉装

注

（1）『書誌学』第三巻五号所収「本会制定術語原案」（昭和九年）。

（2）『粘葉考—蝴蝶装と大和綴—』（昭和七年）。

（3）本篇第一章「和図書装訂研究史の諸問題—大和綴を中心に—」（『國學院雑誌』第九六巻第一号　平成七年）及び本篇第三章「湯島聖堂旧蔵徳川光圀献上本の所在確認と装訂—結び綴の意義—」（『大倉山論集』第三七号　平成七年）。

（4）『叢書集成新編』第八六冊所収。

（5）『叢書集成新編』第八六冊所収。なお本書では「家所録書」を粘法に改めたのは宋であると記されている。

（6）『続日本儒林叢書』所収。

（7）しかし、このように考えることにも若干の疑問は残る。もし、縫綴と称呼される装訂が今日我が国でいわれる列帖装・綴葉装であったとすると、それを粘葉装に改装するのは技術的に不可能と思われるからである。篁墩も「粘葉粘㆓摺折處㆒為㆑脳、葉子反㆑之、且代㆑糊以㆑絲縫㆑之耳」と指摘しているように粘葉装を線装に改装することは容易である。ということは、線装を粘葉装に改装することも容易ということになろう。つまり、縫綴という装訂は、線装であった可能性もあるということになる。しかしそうすると、篁墩の指摘する列帖装の致命的な欠点「蓋上半属㆓首葉㆒、下半属㆓末簡㆒、一致㆓縫断㆒、錯乱尤甚、」と符合する『王氏談録』の「錯乱顛倒、伏讀歳余、尋㆓繹綴次㆒、方稍完復、乃縫綴之弊也、」という縫綴の欠点は、どのように理解すればよいのであろうか。線装本の綴糸が一度断絶するや錯乱顛倒するという事態が、惹起するであろうか。この縫綴の欠点を線装の欠点と考えるには、やはり躊躇いがある。悉くとはあるものの、王洙は縫綴以外で装訂された書（たとえば巻子本）や、この後書を新たに装訂する際に、粘法を用いたということを語っているのではなかろうか。また、縫綴をくるみ表紙に改装している事例も報告されている。したがって、縫綴とは今日列帖装とか、綴葉装とか呼ばれる装訂であったと考えたい。

（8）『書物展望』第三巻第一号（昭和八年）。

（9）『私立大学図書館協会会報』九一（昭和六三年）

（10）村越貴代美氏より御教示いただいた中国の図書装訂研究書『装訂源流和補遺』（一九九三年　中国書籍出版社）所収の李致忠・呉芳思著「古書梵夾装、旋風装、蝴蝶装、包背装、綫装的起源与流変」によれば、大英図書館東方部所蔵の敦煌出土典籍の中で五代写本『妙法蓮華経』の綴糸の綴方は「横索書背、竪穿書背、在両孔中間的書背上打蝴蝶結」とある。これは同じく列帖装ではあるが、管見に及んだ我が国の列帖装の綴糸の結び方とは相違し、背の後ろで綴じ糸を結んでいる。こうした微細な点に彼我の差は確かに存在するが、紙数枚を一折帖として糸で綴じ、その折帖を更に合綴して一冊とするという構造的な特徴は、中国唐宋代の列帖装も我が国の列帖装も一致する。なお、本書によれば、列帖装のことを綫装と称呼している。

（11）森縣氏「平安王朝時代の冊子装幀」（笠間叢書254『王朝文学資料と論考』平成四年）。森氏は右論考の中で、中国は印刷に適合した竹紙を開発し、「唐の紙はもろくして朝夕の御手ならしにもいかが」（『源氏物語』）といわれるほどの薄紙様化に成功、印刷の盛行を見るにいたった。一方、我が国は厚手の斐紙及び楮紙を生産していたこと、更に書籍の集約化の史的発展の要請及び紙の希少価値なども関係し、印刷が盛行せず、結果として図書の装訂に糸綴装（綴葉装・列帖装）や粘葉装が採用されたと指摘しておられる。傾聴すべき見解と思われる。

（12）仏典の中には、高野山往生院開版の「声明集」や魚山版「天台例時懺法」などのように中世に版面を工夫して印刷され、列帖装で装訂されたものが存在することは、田中敬氏により報告されている（『図書形態学』第一編第五章　昭和二十九年）。こうした仏典が、何故列帖装によって装訂されたのかという問題の特殊性については、大内田貞郎氏が、

わが国には高野版などに見られるように、「蝴蝶装」や一部「綴葉装」での両面印刷が現存するのだが、この事柄は、東洋の印刷技法として一般的・普遍的な印刷技術法として考えるべきではなく、これはある環境での、何かの理由に支えられた特殊に用いられた技法であるとの認識を持っている。

したがって、高野版などに見るような「蝴蝶装」や「綴葉装」への両面印刷した「冊子」は、恐らく中国では存在しないものではないかと思っている。とすると、わが国の印刷技法は、当然中国のそのまま受容していることから考えて、これを一見矛盾することのようだが、我が国への書物装訂の受容とその時期と、これに関って印刷技術の両面印刷への応用ということについては、わが国の特殊事情によるものはないかと考えている。

と述べられている（「東洋における書物装訂について―冊子受容の形態を中心に―」『ビブリア』一〇〇号　平成五年）。筆者も大内田氏の説に同感であり、版面配置に工夫を加えなければならない綴葉装で、仏典が印刷されている点に関しては、合理的な側面より、むしろ先例を尊重する有職故実的な側面が強かったものと考える。ということは、仏典類が中国から舶来された時、とりもなおさず列帖装で装訂されたものが多かったということを意味しているとは考えられないであろうか。そうした事実が存在し、故実として尊重されたからこそ、わざわざ工夫を凝らして、後世に至るまで印刷仏典が列帖装で装訂され続けたものと思われる。こうした視点からも、列帖装が僧侶の勤行用の本の装訂として舶来したという石井研堂氏の指摘は、注目すべきものと思われる。

（13）大内田貞郎氏注（12）前掲論文。

（14）詳細は前掲注（3）拙稿参照。

（15）『書誌学』第一巻二号（昭和八年）。

（16）綴葉装を列帖装もしくは綴帖装と称すべきという見解は、山岸徳平氏が『書誌学序説』（昭和五二年）の中で、紙の一帖一帖を綴ったものであり、また、各帖並列して綴ったものであるから、「綴帖装」とか「列帖装」とでも称されるべき装幀となる。「綴葉」というよりも、「綴帖」もしくは「列帖」が、実際に即した名称であるかと思う。と述べられている。

補記

櫛笥節男氏が平成八年刊行の『書陵部紀要』第四八号の中で、筆者の誤解について、種々指摘されている。本稿は、櫛笥氏の見解を踏まえ、一部改稿した。氏の学恩に衷心より御礼申し上げます。櫛笥氏もそうであるが、筆者も室町時代後期から江戸時代にかけて列帖装は、大和綴と称呼されていたものと考えている。しかしながら、中国唐代から宋代に類似の装訂があったとすると、わが国が独創したような印象を与えかねない大和綴という称呼はいかがなものであろうか、と愚考するものである。

第三章　湯島聖堂旧蔵徳川光圀献上本の所在確認と装訂
――結び綴の意義――

一、はじめに

将軍徳川綱吉の命により、聖堂が元禄四年（一六九一）正月、湯島の地に建立され、二月七日には忍岡より聖堂大成殿への聖像遷御の儀が盛大に執行された。その際、諸大名は将軍家の盛意をうけ、典籍や礼器を聖堂に献上している。上田元周重修で元禄八年成立の『和漢名数大全』所引の「聖堂品々献上目録」によれば、篤学の大名として高名な徳川光圀も、

○和朝史記　七部自述
旧事記　古事記　日本紀　日本後紀　続日本紀　続日本後紀　三代実録
文徳実録
書本也、表紙黄色、紫糸ムスビトジ
筆者凡　岡三左衛門
五十人　嶋葉左衛門

とあるように、「和朝史記」の名のもと、『旧事紀』以下を書写させ、自ら識語を加え、聖堂に献上している。

ところで、ここには、『日本後紀』が書写・献上された書目として掲出されている。しかしながら、この記事には疑問が残る。

周知のように『日本後紀』が世に出るのは、塙保己一の門人稲山行教が江戸時代後期に京都で伏見宮本を書写して以降のことである。[1] そのうえ、右には「和朝史記」という書目の下に「七部自述」とあり、光圀が献上したのは七部であったことが窺知される。さらに、光圀は献上本『続日本後紀』の識語の中で、

桓武以後四朝実録之闕也、文献不足、雖聖人莫如之何噫、

と、桓武以下四朝の実録すなわち『日本後紀』の散逸を噫嗚している。光圀が事実『日本後紀』を書写献上していたなら、こうした識語を記すだろうか。したがって、光圀が『日本後紀』をも書写させたという「聖堂品々献上目録」の記事は、にわかには信が置けない。

そこで、湯島聖堂への献上本に関する記事が所見できる他の史料を見てみると、犬塚退翁の『昌平志』巻第四「経籍志」には、[2] 徳川光圀献上本の書目として、

旧事記〈十本〉　故事記〈三本〉　日本紀〈二十二本〉　続日本紀〈二十五本〉　続日本後紀〈十本〉　文徳実録〈五本〉　三代実録〈二十五本〉

とあり、『日本後紀』の書目は掲出されていない。また、光圀の伝記である水戸徳川家所蔵の『桃源遺事』には、

江戸御茶の水といふ処に、
大樹公聖堂を御建被遊候付、諸大名より書物奉納なされ候処に、皆唐国の書を御納候由、
西山公には日本紀・続日本紀・続日本後紀・文徳実録・三代実録・古事記・旧事紀、右七部の書を謬を正し、俗字等までも御吟味被成、惣して書写仰付られ、御奉納被成候、

とあり、『水戸義公年譜』にも、

元禄四年辛未、公六十四歳
春正月、訂旧事本紀・古事記・日本書紀・続日本紀・続日本後紀・文徳実録・三代実録刊本之訛、参考諸書、標註異同、蔵昌平学舎、毎部自作跋、（『常山文集』）

とある。(3) ゆえに、光圀が聖堂に献上したのは『旧事紀』以下七部の諸本であり、「聖堂品々献上目録」に見える『日本後紀』という書目は、誤って加筆されたものと思われる。

この徳川光圀献上本七部の中現在、『旧事紀』・『古事記』・『続日本後紀』以上三書は国立公文書館に、『日本書紀』は宮内庁書陵部に、『続日本紀』は国立国会図書館に、それぞれ所蔵されている。以上の五書の装訂及び識語などを本稿では紹介し、若干の私見を開陳したい。

二、光圀献上本の紹介

寛永七年（一六三〇）林家の忍岡の別野に建てられた塾舎・書庫及び寛永九年に尾張徳川義直の援助によっ

て建てられた先聖殿に、湯島聖堂及び昌平坂学問所の歴史は淵源する。しかしながら、幕府の公的機関として名目を一新するのは好学の将軍綱吉によって、湯島の地に移転を命じられて以降である。(4) 元禄三年七月九日林春常（後の信篤）に、神田昌平坂の地に新廟経営の命が綱吉より伝えられ、即日松平輝貞を奉行とし、蜂須賀隆重をお手伝いとして工が起こされた。

諸大名による典籍や祭器類の聖堂への献上は、『徳川実紀』元禄三年十月七日条によれば、

七日孔廟に典籍、祭器等を進献ありしは、尾張大納言光友卿、紀伊大納言光貞卿、甲府宰相綱豊卿、水戸宰相光圀卿、（以下略）

とあるように、十月七日に行われたと見える。しかしながら、実際には典籍の献上は必ずしもこの日に一斉に行われたものではなかったようである。犬塚退翁の『昌平志』巻第四「経籍志」には、紀州徳川光貞の聖堂に献上した『十三経』について、

元禄庚午十一月所置巻冊籤題、皆榊原玄輔書、

とあり、元禄庚午即ち三年の十一月に献上されたことが窺知される。また、光圀献上本の現存五書の識語を見てみると、いずれにも、

元禄肆年歳次辛未正月貳拾陸日　前権中納言従三位水戸侯源朝臣光圀謹識

とあり、翌元禄四年正月二十六日に識語が記されたことがわかる。すなわち典籍の献上は元禄三年十月七日を

必ずしも期日とせず、元禄四年二月七日の聖像の湯島への遷御及び将軍綱吉臨席のもとに斎行された二月十一日の釈奠を目指して、実際には行われたものと推測される。

ところで聖堂は、元禄十六年の大火以来度々罹災している。元禄三・四年に諸大名より湯島聖堂に献上された諸本は、罹災を免れ続けたが、明和九年（一七七二）に発生した目黒行人坂大圓寺を火元とする大火で大成殿も門も罹災したため、その多くが灰燼に帰した。光圀献上本は、そうした中で焼失を免れた稀有のものである。写真（1）が『旧事紀』（国立公文書館所蔵）、写真（2）が『古事記』（国立公文書館所蔵）、写真（3）が『日本書紀』（宮内庁書陵部所蔵　表紙と自署のみ掲出）、写真（4）が『続日本後紀』（国立公文書館所蔵　表紙と識語のみ掲出）、（5）が『続日本紀』（国立国会図書館所蔵　表紙と自署のみ掲出）である。これらの中で『日本書紀』については、所蔵機関である宮内庁書陵部が、『図書寮典籍解題』歴史篇の中で、[5]

日本書紀　二十二冊　五〇六・三

三一・七糎×二一・三糎、大和綴　茶水色斐紙表紙の中央に「日本紀一・二…三十」と外題あり、表紙見返は絹地に金泥を以て雲霞をあしらつてある。本文用紙は斐紙。四周単辺木版の匡郭があり、一頁八行、一行十八字詰、一書曰は一字下げ別行に記し、註文は雙行に細書す、第二十二冊巻末に徳川光圀の識語があり、その名の次に「源光圀印」・「子龍父」の朱印を鈐す。元禄四年書写。

（傍線筆者）

と、解説している。他の各機関が所蔵している『旧事記』・『古事記』・『続日本紀』・『続日本後紀』も表紙の模

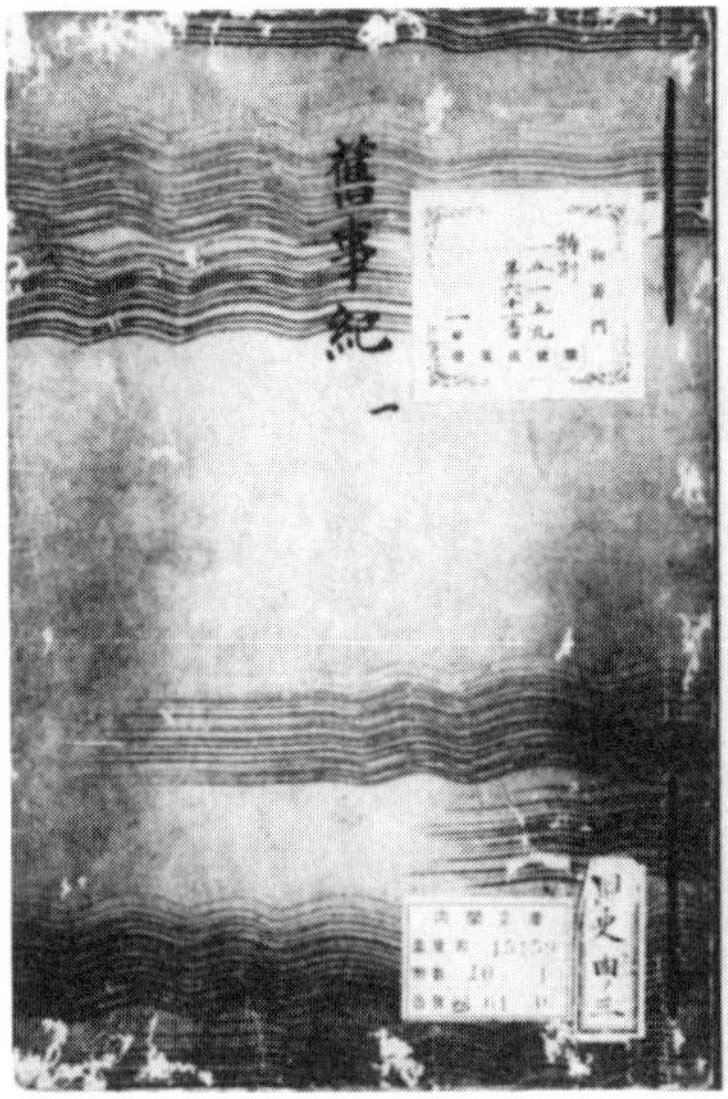

(1)　旧事紀一表紙

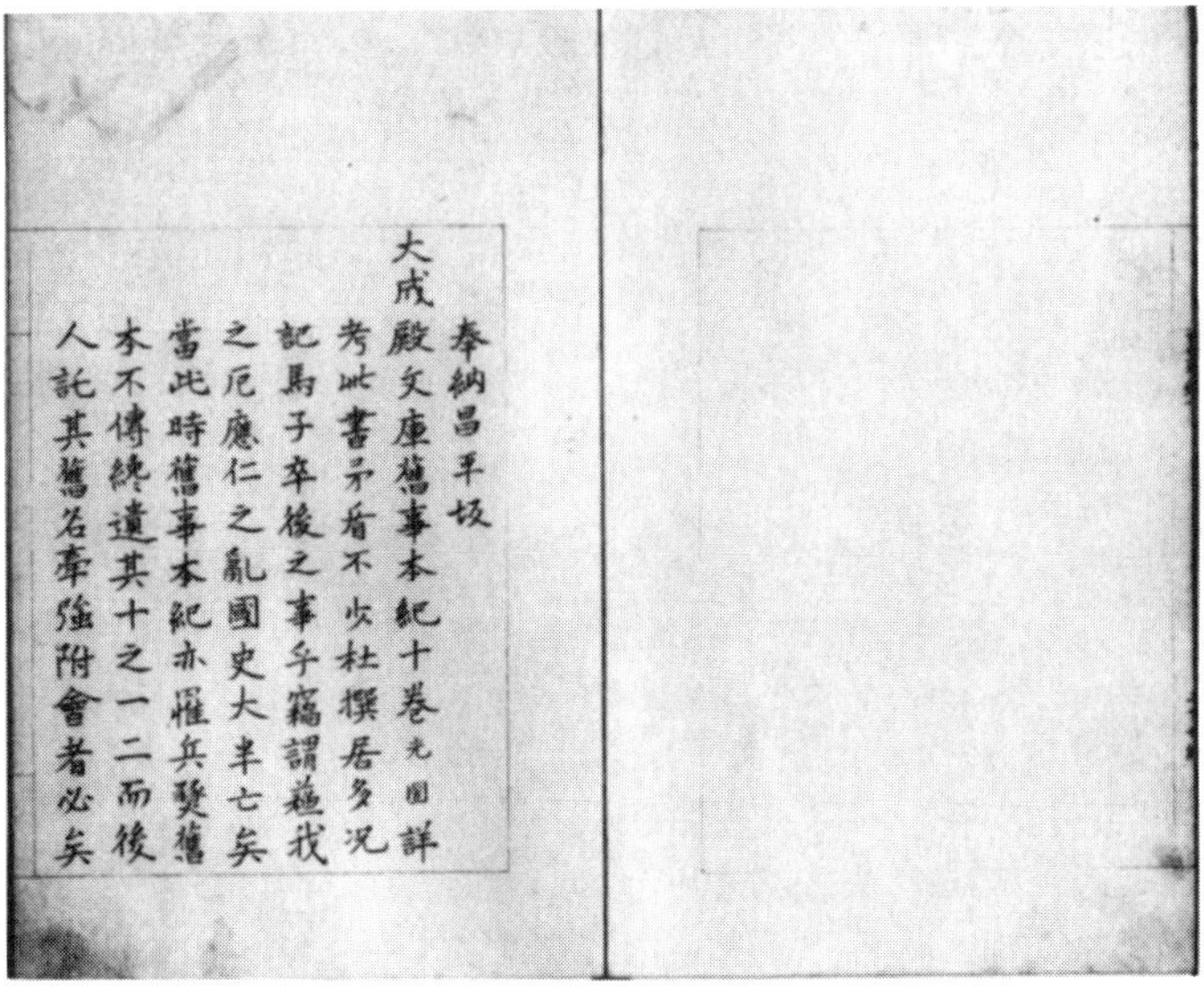

奉納昌平坂
大成殿文庫舊事本紀十卷光圀詳
考此書昇看不少杜撰居多況
記馬子卒後之事乎竊謂蘊我
之厄應仁之亂國史大半亡矣
當此時舊事本紀亦罹兵燹舊
本不傳純遺其十之一二而後
人託其舊名牽強附會者必矣

(1)　旧事紀一識語 A

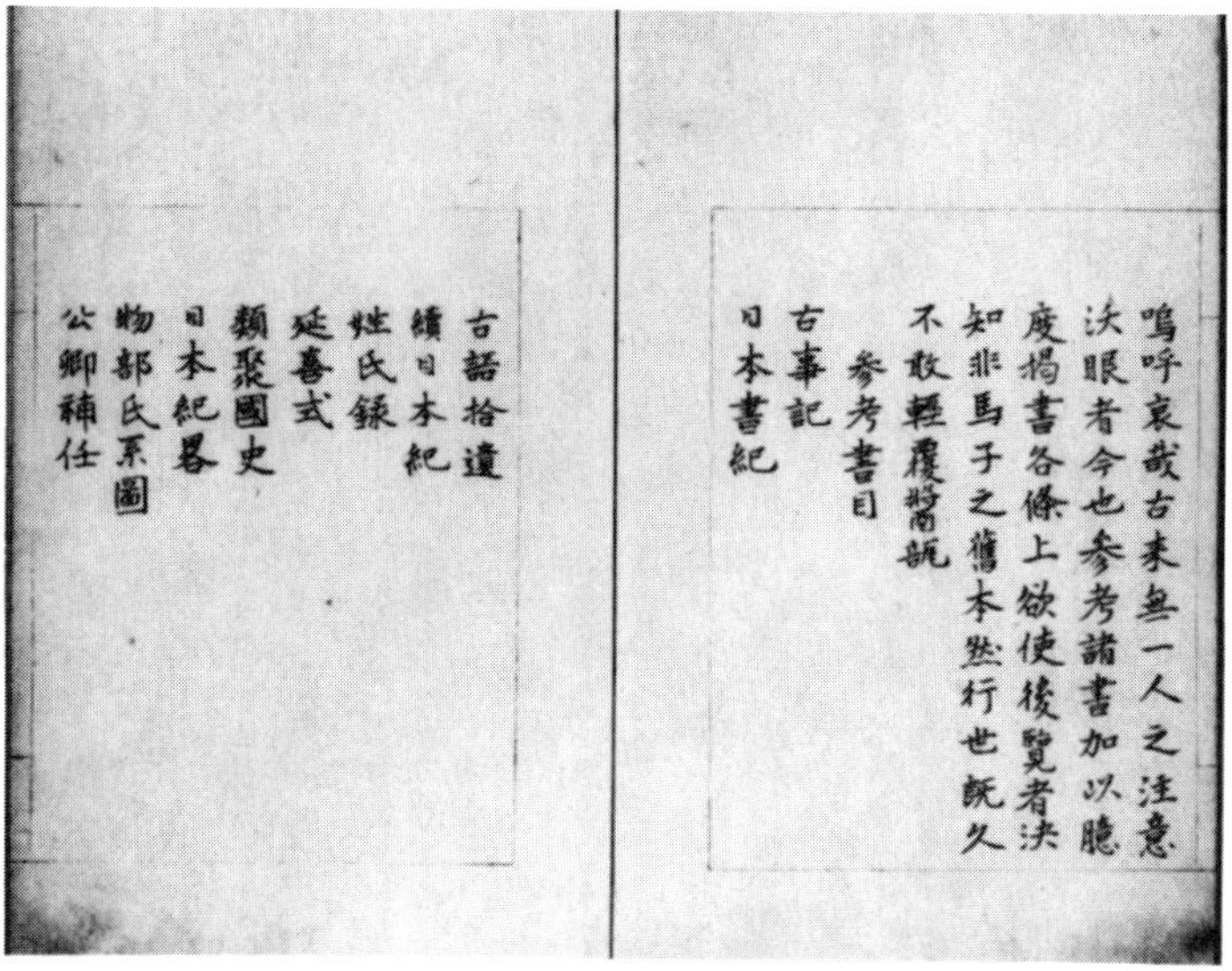

嗚呼哀哉古来無一人之注意
沃眼者今也参考諸書加以聴
度揭書各條上欲使後覧者決
知非馬子之舊本然行世既久
不敢輕覆醤瓿
参考書目
古事記
日本書紀
古語拾遺
續日本紀
姓氏録
延喜式
類聚國史
日本紀畧
物部氏系圖
公卿補任

(1)　旧事紀─識語 B

元禄肆年歳次辛未正月貳拾陸日
前権中納言従三位水戸侯源朝臣光圀謹識

(1)　旧事紀─光圀自署

⑵　古事記―表紙

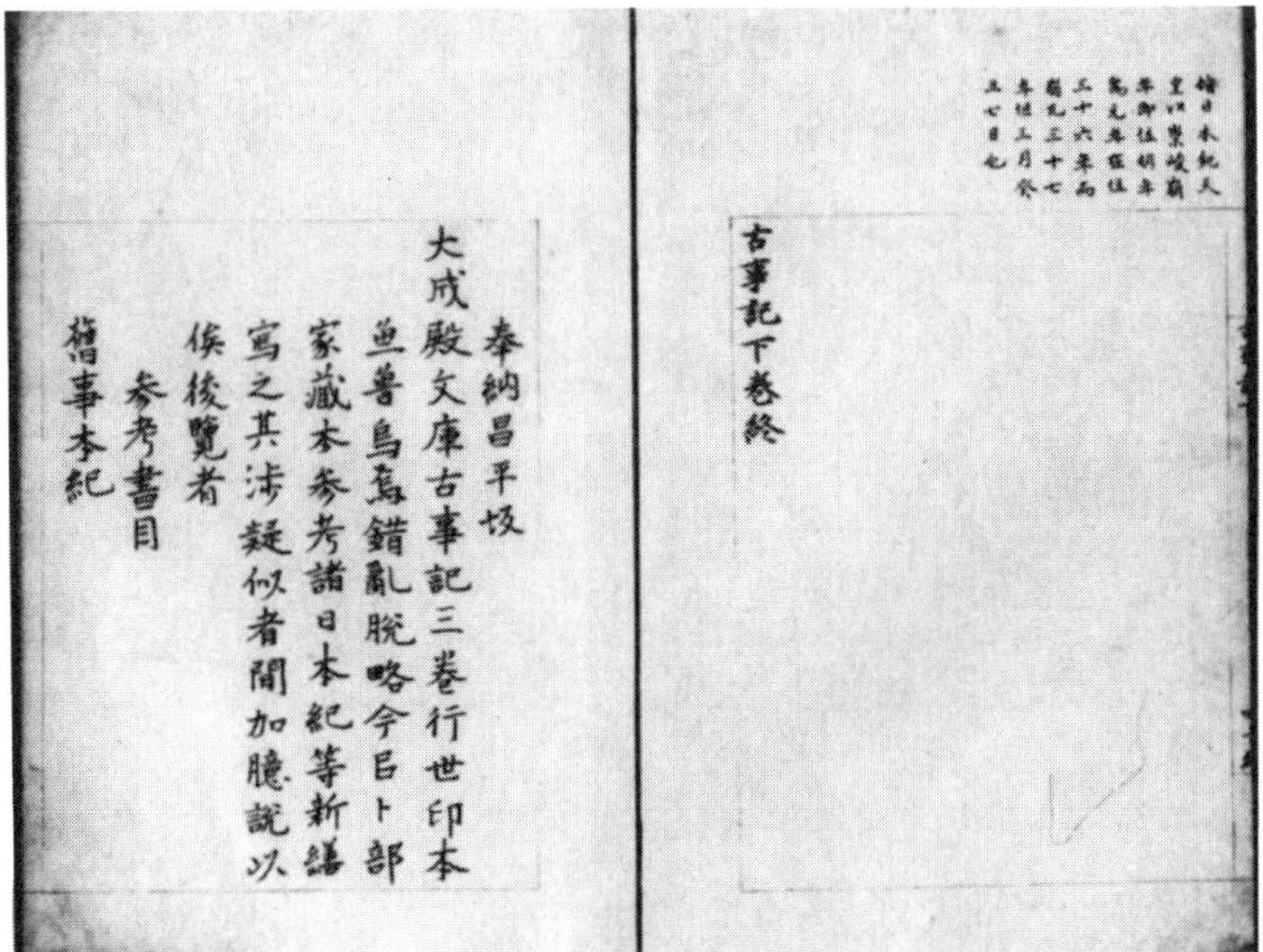

古事記下巻終

奉納昌平坂
大成殿文庫古事記三巻行世印本
魚魯烏焉錯亂脱略今臣卜部
家蔵本参考諸日本紀等新繕
寫之其渉疑似者間加臆説以
俟後覧者
参考書目
舊事本紀

⑵　古事記―識語

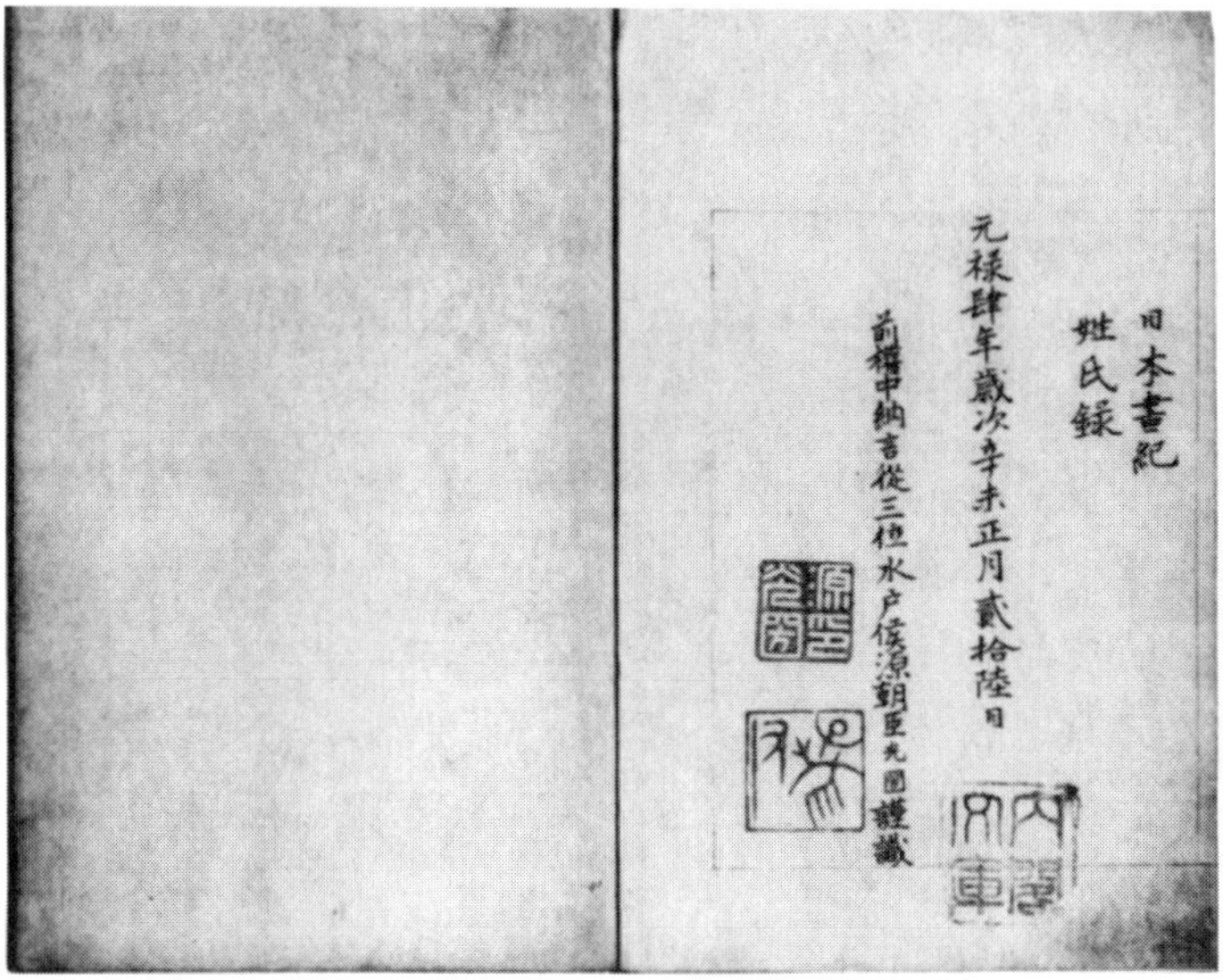

⑵　古事記―光圀自署

⑶　日本書紀―表紙

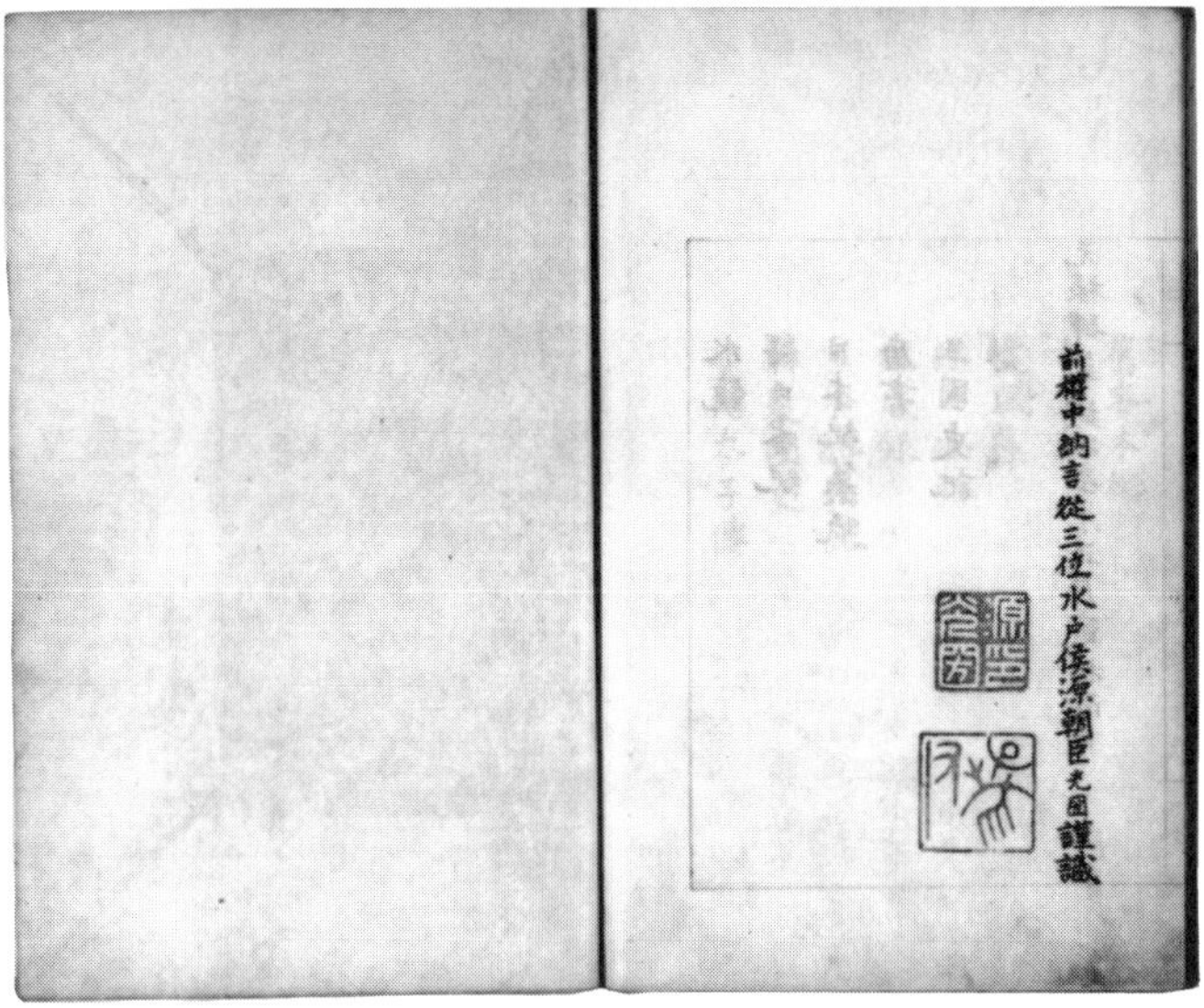

⑶　日本書紀—光圀自署

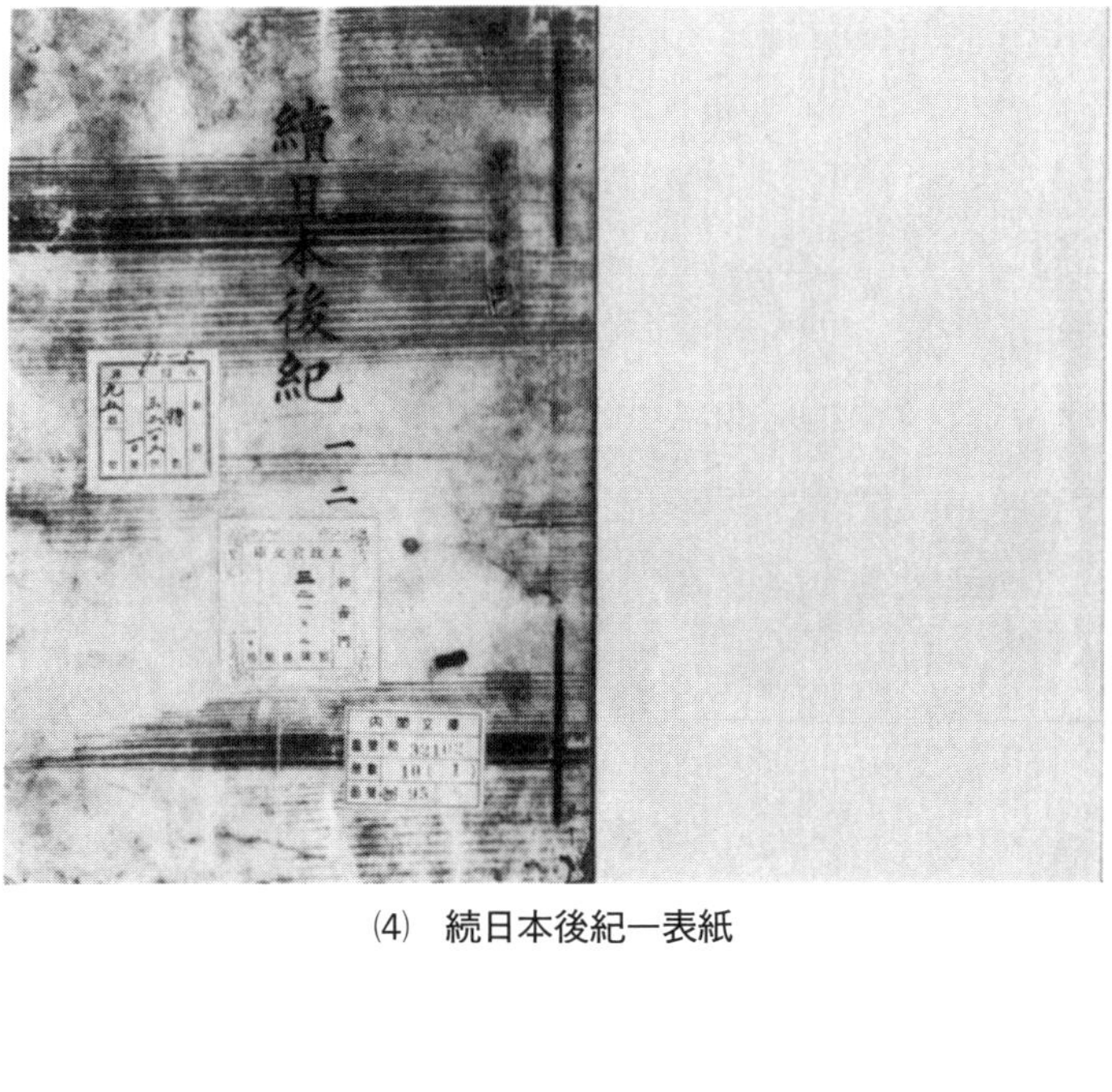

⑷　続日本後紀—表紙

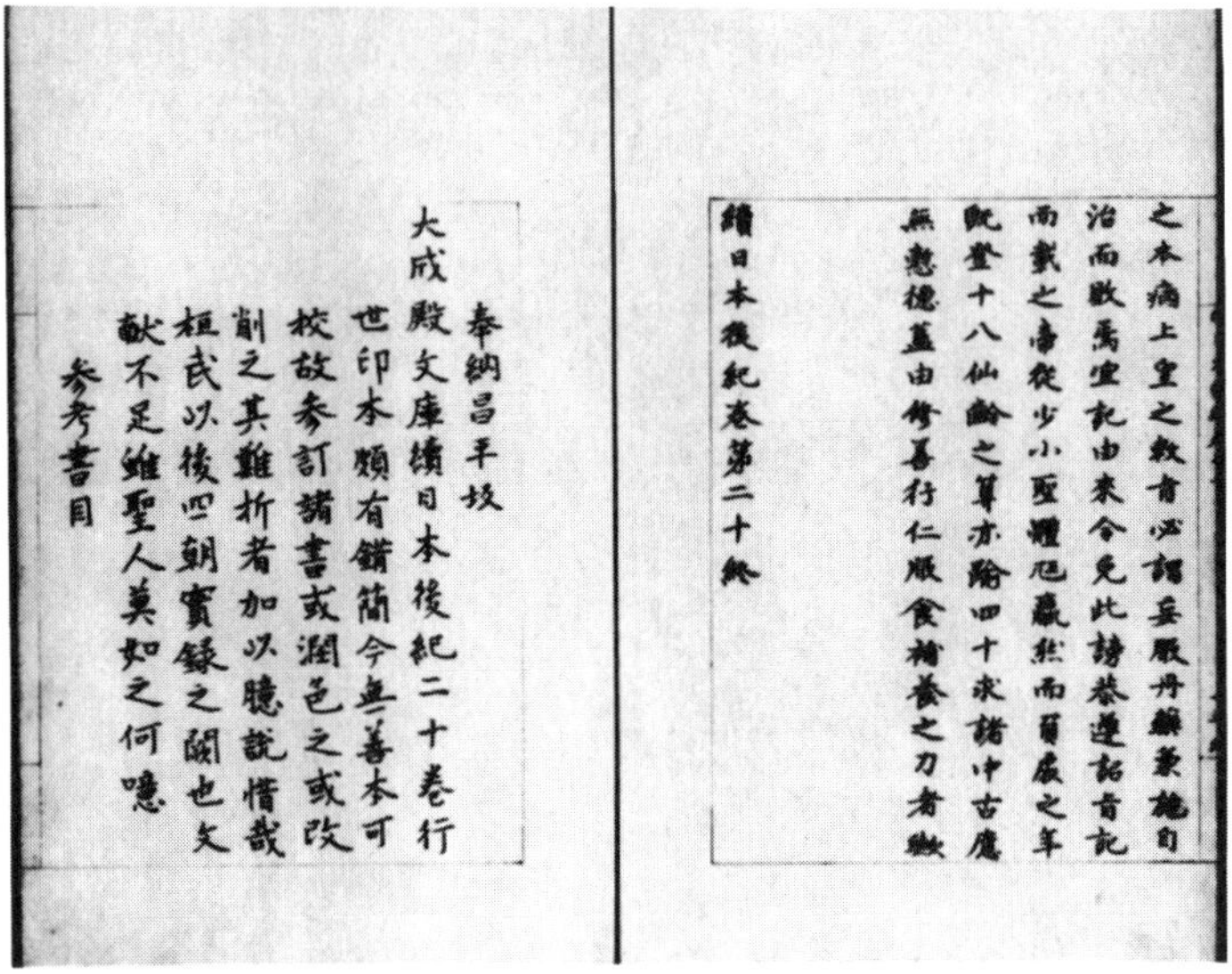
之本病上皇之教者必詔妄服丹藥兼施日
治而歎焉豈記由來令免此謗恭遵詔旨記
而載之帝從少小聖體尫羸然而有成之年
既登十八仙齡之算亦踰四十求諸中古鮮
無懿德蓋由修善行仁服食補養之力者歟
續日本後紀巻第二十終

奉納昌平坂
大成殿文庫續日本後紀二十巻行
世印本頗有錯簡今無善本可
校故參訂諸書或潤色之或改
削之其難折者加以臆說惜哉
桓武以後四朝實録之闕也文
獻不足雖聖人莫如之何噫
參考書目

⑷　続日本後紀―識語

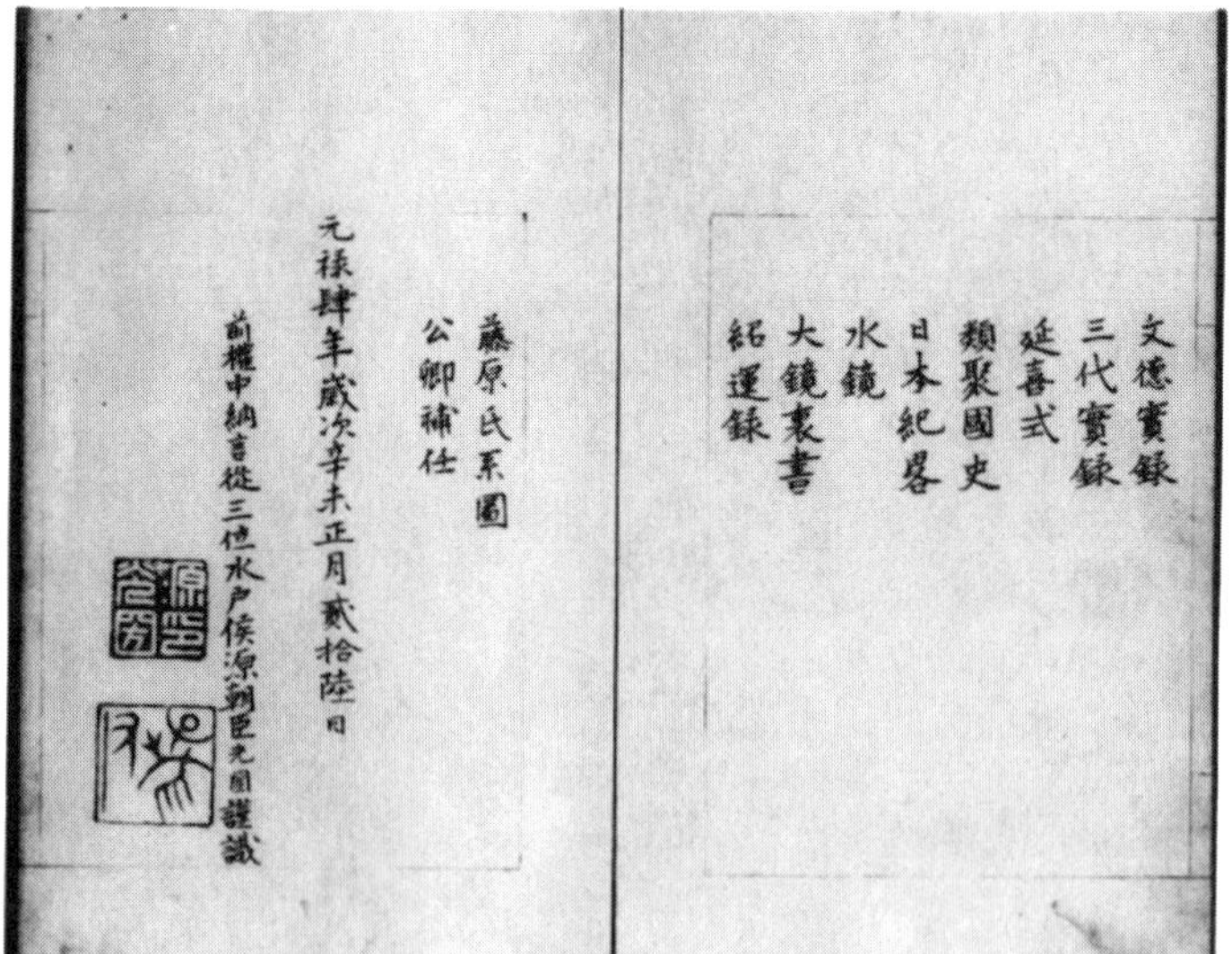
文徳實録
三代實録
延喜式
類聚國史
日本紀畧
水鏡
大鏡裏書
紹運録

藤原氏系圖
公卿補任
元祿肆年歳次辛未正月貳拾陸日
前權中納言從三位水戸侯源朝臣光圀謹識

⑷　続日本後紀―光圀自署

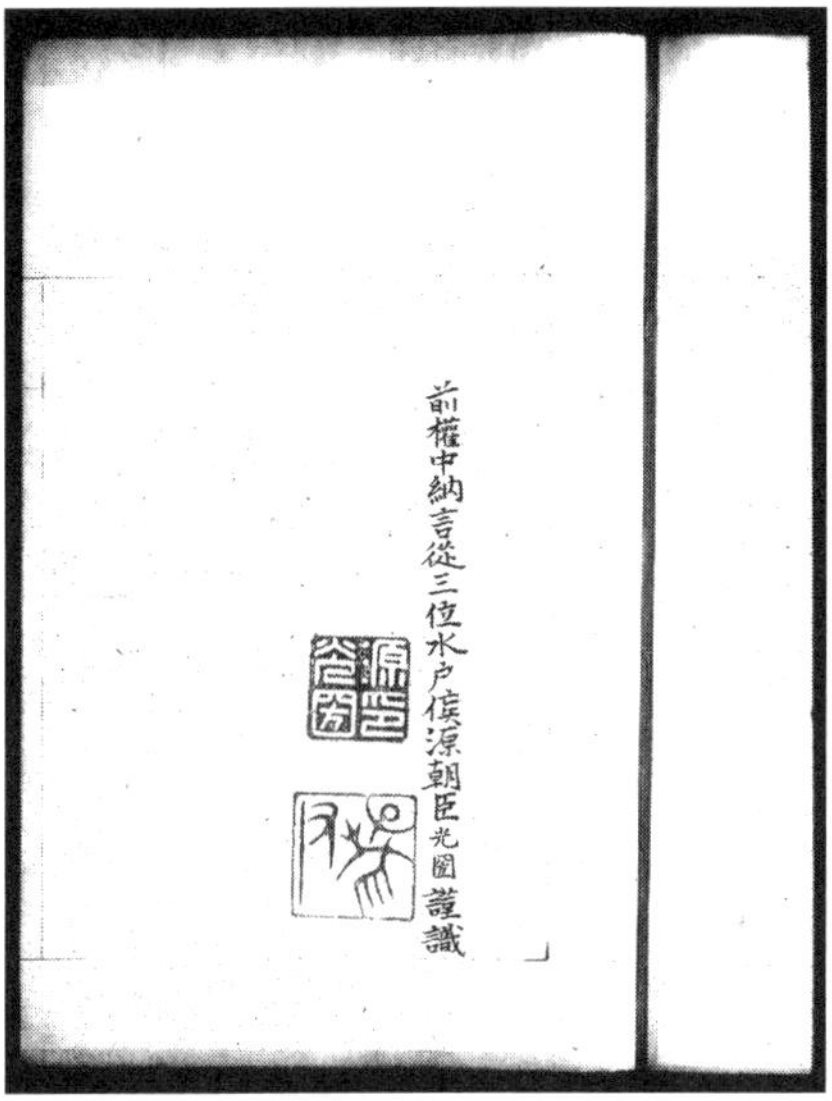
前權中納言從三位水戶侯源朝臣光圀謹識

⑸　続日本紀—光圀自署

續日本紀　一二

⑸　続日本紀—表紙

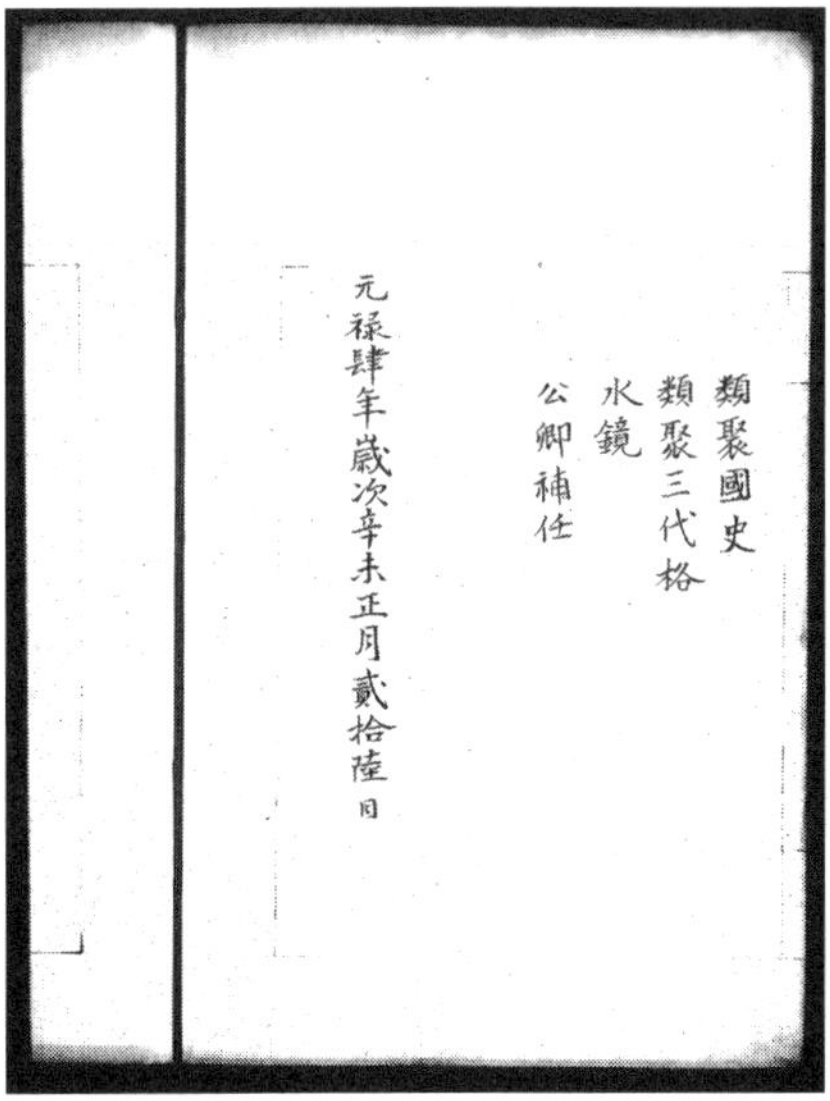
類聚國史
類聚三代格
水鏡
公卿補任
元禄肆年歳次辛未正月貳拾陸日

⑸　続日本紀—識語

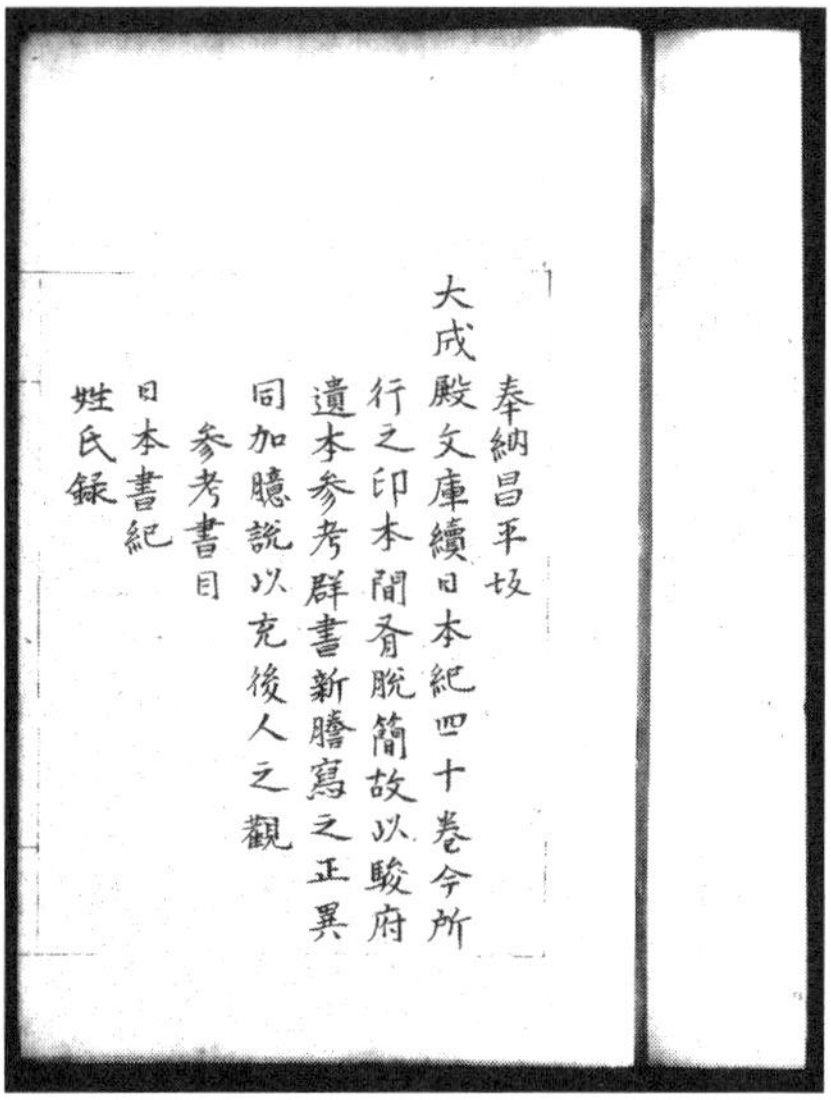
奉納昌平坂
大成殿文庫續日本紀四十巻今所
行之印本間脊脫簡故以駿府
遺本參考群書新謄寫之正異
同加臆說以充後人之觀
參考書目
日本書紀
姓氏録

⑸　続日本紀—識語

様に若干の相違が見られ、また当然のことながら、書物の性格を記した識語に差異は見られるものの、『図書寮典籍解題』の解説に見られる『日本書紀』の装訂形態や書誌学的特徴と全く変わらない。『古事記』に関しては、所蔵機関である国立公文書館も平成元年に発行した「古書を伝える―先人の知恵と努力―」の中で、

仮綴をした本文と表紙を二本の紐で綴じ合わせる方法で、一般に「大和綴」と呼ばれるものである。

と、その装訂について『図書寮典籍解題』と同様「大和綴」と説明している。実際今日では、写真（1）から（5）に見られるような装訂を「大和綴」ともいうが、前掲『和漢名数大全』所引「聖堂品々献上目録」に「ムスビトジ」と明記されているように、江戸時代にはこうした装訂を「大和綴」とは称呼していなかったようである。詳細は別稿を参照していただきたいが、江戸時代に「大和綴」と考えられていた装訂形態は、今日列帖装及び綴葉装といわれる装訂である。(6) したがって、光圀献上本の書誌学的説明には今後「大和綴」を用いず、「結び綴」というべきと考える。だが、何故光圀はこれらの献上本の装訂に、特に「結び綴」という装訂形態を用いたのであろうか。次に、そのあたりの事情について、考察を加えたい。

三、結び綴の意義

前にも触れたように「聖堂品々献上目録」によれば、光圀は『旧事紀』・『古事記』と『日本後紀』以外の五国史を献上したと見える。そして、『桃源遺事』には、

江戸御茶の水といふ處に、

大樹公聖堂を御建被遊候付、諸大名より書物奉納なされ候處に、皆唐国の書を御納候由、西山公には日本紀・続日本紀・続日本後紀・文徳実録・三代実録・古事記・旧事紀、右七部の書を謬を正し、俗字等までも御吟味被成、惣して書写仰付られ、御奉納被成候、

とあり、諸大名が漢籍を献上する中で、一人光圀だけが自ら識語を加え、我が国の史書を奉納したという。その識語を見てみると、たとえば『日本書紀』の識語には、

奉納昌平坂

大成殿文庫日本書紀三十巻、以卜部家蔵本新所繕写也、光圀熟読此書也尚矣、至天武紀中不能無疑焉、蓋舎人為父隠乎、今参考諸群書粗加評論、為後世修史者之一助云、

と見え、『本朝通鑑』を一歩進めた大友皇子の即位を肯定する独特の史観が開陳されており、[7]本書作成に当たっての並々ならぬ光圀の意思が窺われる。

「聖堂品々献上目録」に諸大名の献上した典籍を見てみると、光圀の和書献上にかける強い意思が、より鮮明に窺知できる。そこで、書目と献上者名を「聖堂品々献上目録」から、左に掲出する。

四書大全　五経大全　性理大全
廿一史
十三経註疏
和朝史記
通鑑　司馬公
四書集註　五経集註　文公家礼義節
朱子語類大全　朝鮮本　同年譜　同実記
邵子全書
五朝言行録
通鑑全書　明朝新撰
孔聖全書　唐本
二程全書
孔廟礼楽考
性理會津
太平廣記　太平御覧　金灯籠　御手水鉢石
太平御覧　文苑英華　冊府元亀
三才圖繪　玉海
四書大全弁

甲州（綱豊）
尾州（光友）
紀州（光貞）
水戸（光圀）
松平讃岐守（頼常）
松平左京大夫（頼純）
松平摂津守（義行）
松平出雲守（義昌）
松平播磨守（頼隆）
松平兵部大輔（昌親）
松平大和守（直矩）
松平出羽守（綱近）
松平若狭守（直明）
松平中務大輔（昌勝）
松平加賀守（前田綱紀）
松平薩摩守（島津綱貴）
松平肥前守（鍋島綱茂）
松平丹後守

歴代君臣圖石摺　　松平越中守（定重）
正続排（裨）海　　本多中務大輔（忠国）
孔子聖跡之圖　　本多下野守（忠平）
孝経石摺　　松平伊豆守（信輝）
朱子文集大全　同語類　　宗対馬守（義真）
儒宗理要　　木下順庵（貞幹）

右のように「聖堂品々献上目録」によれば、光圀以外の諸大名はことごとく漢籍を聖堂に献上している。そのなかで光圀一人の和書献上は、ひときわ異彩を放つ。『大日本史』の編纂という難事業に着手し、我が国の歴史の修史にかける光圀の強い意欲が、こうした献上目録の中にも窺うことができるのである。それでは何故、光圀は「和朝史記」の名のもとに書写させた『旧事紀』以下の諸本の装訂に「結び綴」を用いたのであろうか。人間の手により作製された物には、人間の思想が投影する。そうすると、光圀が『旧事紀』以下の和書の装訂に「結び綴」という装訂を用いたのは、当時専ら線装を用いる漢籍に対し、「結び綴」こそが和書の装訂に最も相応しい、と強く認識していたためではなかろうか。

四、むすびにかえて

筆者は別稿で、大和綴という用語は、中世に線装の唐綴が中国から伝来して以後、これも元来中国伝来の物ながら古くから行われていた列帖装が漠然と大和綴と称呼されるようになったのではなかろうか、と推測した。そして、大和綴という書誌学用語が唐綴に対して用いられている点に注目し、唐綴という用語が現在用いられていない以上、大和綴という用語も使用すべきではない、と愚考。いわゆる大和綴は装訂形態から列帖装と称呼すべきであり、近代になって大和綴といわれるようになった結び綴も、その装訂から「結び綴」と称呼すべきであるとした。

大和綴に関する記事を所載する有職故実書に、神宮文庫所蔵の『調度口伝』がある。製作年代に関して明記はないが、おそらくは江戸時代に成立したであろうと推測されるものである。本書は文意があまり判然としないものであるが、列帖装を大和綴とせず、他に大和綴があるとしている点は注目すべきである。「綴様」の部分を左に掲げると、

一、綴様

（1）ふくろとちと称するハ紙を三ツ折ニしてとつるなり、都而此とぢよふ也、穴を四ツ明て綴る、又角を二重ニして綴ルを七ツトチト云、（2）又本ノ長サを五ツ割リ中を二所トツル𠂆古風なり、名目ハなし、紙を畳て閉ル、糸ニてトツルト二品なり、糸ニてとつる時は、裏ニ三所結メあるなり、（3）又大和綴ト云ハ紙を二ツ折タル折目ノ形ヲトツル、一冊二冊ト云、

とある。右掲記事の（1）の部分は、線装の袋綴についての記述である。この箇所とても意味不明瞭なところがあるが、冒頭に「ふくろとち」とある以上線装の袋綴に関するものと判断せざるを得ない。そして、（2）が粘葉と列帖装の装訂について説明した箇所である。粘合と糸による縫綴の差があるとはいえ、料紙を内側に折る点は、両装訂ともに変わらない。そこで、粘葉と列帖装が混淆されるようになり、本書のように同箇所で

解説されているものと思われるが、こうした装訂は古風ではあるが「名目ハなし」としている。この装訂に名目がないという点は看過できない。本書による限り、列帖装を「大和綴」とは速断できなくなるからである。そうすると、大和綴とは結び綴を指していることになるのであろうか。だが、（3）の「又大和綴ト云ハ紙を二ツ折タル折目ノ形ヲトツル」という説明もまた要領を得ない。これを結び綴の説明とは速断はできないが、列帖装以外の綴方ということで、結び綴を説明していると解釈できないことはない。

いずれにしても、この簡単な説明から黒白をつけることは困難である。しかしながら、結び綴にしろ、列帖装にしろ、江戸時代には、唐風に対置する和風の装訂形態と広義に理解されていたことは否定できないのではなかろうか。さらに、徳川光圀が結び綴を和書の装訂に相応しいものと考えていたことは無視できない。何故なら、同じく江戸時代に和風の装訂と考えられていたものながら、列帖装が中国伝来の装訂である以上、結び綴こそ紛れもない我が国独特の装訂形態ということになるからである。「大和綴」という用語は使用すべきではないが、結び綴にしろ、列帖装にしろ、歴史的には和風装訂の範疇に入るものと思われる。

注

（1）坂本太郎『六国史』第四「日本後紀」三「末書及び諸本」（一九七八年刊）。

（2）『日本教育文庫』学校編「昌平志」巻第四（一九一一年刊）。なお「経籍誌」には、光圀献上本の装訂について、
并黄紙縹子裏面金砂紙綴以紫縷子、護書青光絹、毎部公自署巻尾曰、元禄肆年歳次辛未正月貳拾陸日、前権中納言従三位水戸侯源朝臣光圀謹識
とある。

（3）『桃源遺事』に、光圀献上本の書目及び献上の経緯が見られることは、名越時正・時野谷滋両氏より御教示いただいた。さらに、吉川弘文館刊行の『徳川光圀関係資料　水戸義公伝記逸話集』所載の『桃源遺事』には「日本後紀」が献上書目と

してあげられているが、水戸徳川家所蔵『桃源遺事』には「日本後紀」は見えず、「続日本後紀」とあることも、両氏より御教示いただいた。記して篤く謝意を表したい。

（4）石川謙『日本学校史の研究』「近世の学校」第一「昌平坂学問所」（一九六〇年刊）。和島芳男『昌平校と藩学』第二章「徳川文教の興隆」（一九六六年刊）。

（5）宮内庁書陵部編（一九五〇年刊）。

（6）拙稿「和図書装訂研究史の諸問題―大和綴を中心に―」（『國學院雜誌』平成七年）。

（7）『修史と史学』（坂本太郎著作集第五巻）第一編三「歴史の学問的研究の芽生えた時代」三「水戸藩の大日本史」（一九八九年刊）

※国立国会図書館蔵光圀献上本『続日本紀』の装訂及び識語は、以下のように見られる。装訂についての書誌的事項と識語を左に紹介したい。

続日本紀　　二五冊

寸法三三×二二・四糎。結び綴。表紙黄色刷毛目。「続日本紀一・二…四十」と表紙中央に外題あり。表紙見返しは金泥を以て雲霞をあしらってある。一丁目上欄に「大学校図書之印」・「書籍館印」・「帝国図書館蔵」の蔵書印が捺され、右欄外に「帝国図書館」の印が捺されている。

識語

　　奉納昌平坂

　大成殿文庫続日本紀四十巻今所

　　行之印本間、有脱簡、故以駿府

　　遺本、参考群書、新謄写之、正異

　　同、加億説、以充後人之観、

　　　参考書目

　　　日本書紀

　　　姓氏録

類聚国史
類聚三代格
水鏡
公卿補任
元禄肆年歳次辛未正月貳拾陸日
　前權中納言従三位水戸侯源朝臣光圀謹識
　　朱印（源臣光圀）　朱印（子龍父）

第四章　列帖装と線装本
——宮内庁書陵部蔵南宋刊本『王文公文集』の原装にも触れて——

一、はじめに

我が国の古代に大陸より舶載されたと考えられ、筆者が「列帖装」といい、日本書誌学会が「綴葉装」と定義した装訂がある。料紙を何枚か重ねて一帖とし、これを重ねたまま二つ折りにして帖葉を作り、この帖葉の内面の中心（谷折り部分）に上下二箇所の穴を開けて糸を通し、さらに帖葉数括りを重ね合わせて糸で綴じたものである。この装訂は、江戸時代には「大和綴」と呼ばれ、この用語の初見記事が、現在のところ室町時代の享禄五年（一五三二）にまで遡ることは、ほぼ間違いのないところであろう。[1] ところで、旧稿の中で、筆者が列帖装の装訂を所伝する文献と考えたものに、再考を求める見解が、拙稿発表直後に示された。[2] 本稿では、この点を再考し、さらに中国で発表された列帖装を線装本の原初的形態と考える学説に対し、私見を展開してみたい。また、宮内庁書陵部蔵南宋刊本『王文公文集』の原装を検討し、宋代における書物の装訂にも言及してみたい。

二、鐵杖閉について

筆者は、注（1）前掲拙稿で、『駿府政事録』慶長十九年（一六一四）七月十六日条の、今日、冷泉為満定家自筆卅六人歌撰一冊持参備二御覧一、定家卿和歌書雖レ多レ之殊勝之筆跡云々、一人歌十首充有レ之、其内定家用之給歌一人十首之内、二首充以二切薄砂子紙一付レ紙云々、遺書之内尤奇異之筆跡之由云々、鐵杖閉以二唐組打交絲一閉レ之、四半本也、

という、定家自筆の『卅六人歌撰』に関する記事を、列帖装（大和綴・綴葉装）で装訂された典籍を伝える史料と考えた。主な理由は、『卅六人歌撰』が、藤原定家が作成した歌書である点と、『日葡辞書』に鐵杖は「Tetgio」と見え、鐵杖という語は、書物の装訂用語である綴帖という語の音をうつしたもの、と考えたためである。しかしながら、本篇第一章で言及したように、幅広の唐組打交糸で綴じられた本書は、結び綴であった可能性が高い。鐵杖閉とは、結び綴の異名と推測されるのである。

旧稿発表後、櫛笥節男氏は前掲注（2）の「大和綴について―歴史史料からの検証―」で、前田綱紀が収集・整理・分類した工芸全般にわたる史料大成である尊経閣文庫所蔵の『百工比照』第十四架第一面「打糸之類」から考証され、右掲『駿府政事録』に見られる「唐組打交絲」とは、組紐の一種であると考察。組紐であるとすれば、定家自筆の「卅六人歌撰」は組紐で表紙の上から上下二箇所リボン結びのように閉じた「結び綴」（日本書誌学会が「大和綴」とするもの）であり、「鐵杖閉」とは「結び綴」のことを指すと結論づけられている。

また、藤本孝一氏は「古写本の姿」（『日本の美術』9）「装訂方法―冊子本」の中で、[3] 右掲『駿府政事録』と同じ内容で、和文体である『駿府記』に「鐵杖閉」が「てつちようとち」と見えることを指摘され、

「鐵杖」は鐵で作った杖で鐵の棒をいうが、装訂に用いる鐵杖は千枚通しの錐のようなものと想定され、

「鐵杖閉」はそれで穴を開けた閉じ方をいっているのであろう。さらに、「唐組打交糸」という記述から、糸閉であるのだから粘葉装ではないことがわかる。唐組の打交糸というからには、細い閉じ糸を使用する綴葉装でない。そうなると、鐵杖で開けた穴に組紐を通して閉じた大和綴となる。組紐を用いた大和綴の平安時代写本『敦忠集』『実方集』『道信集』等を冷泉家が襲蔵する。

と、「鐵杖閉」は組紐を使用していることから日本書誌学会が「大和綴」とする装訂であったとされている。「大和綴」（なお、筆者は日本書誌学会の「大和綴」と称呼する装訂は、「結び綴」とすべきと考える。故に以下自論の部分では「結び綴」を用いたい）の右端上二箇所、下二箇所の穴を開ける道具が鐵杖であったかどうかは、筆者には不明であるが、櫛笥・藤本氏両氏の組紐を用いる装訂に関する見解は傾聴すべきものと思われる。そこで、前述のように筆者も鐵杖装は結び綴の別名として、研究を進めたい。なお、「鐵杖閉」は「綴帖閉」の音写である可能性が高いと考えている。

三、列帖装を線装本の祖型とする説

線装本は、一般に中国明代に開発されたといわれている。和名は、袋綴とも、明時代に開発されたと考えられているために、明朝綴ともいう。書写もしくは印刷された料紙の中央を山折りにし、それを複数枚重ね、折り目の反対右側を紙捻などで下綴し、前・裏の表紙をつけ、四ツ目綴の場合は綴じ穴を四箇所開け、表紙の上から糸で綴じる装訂である。こうした装訂について、山岸徳平氏は『書誌学序説』（昭和五十二年）第一部「書物の形態」第四章「書物の仕立て方」の中で、糸を用いた「袋綴」を、中国では「線装」とも「線訂」とも言う。綴じ上がった時に、綴じた糸が一直線に連続しているから、そう言うのであろうか、または糸を線と言ったのかも知れない。これは粘葉装がすたれてから始ったようで、明時代頃から流行したらしい。故に「明朝綴」とも言われ、糸を通す穴が四個ある。中国で「四針眼訂法」と称せられているのは、これである。日本では「四つ目綴」と呼ばれている。

と述べられている。[4]中国の学者陳国慶氏もまた、『漢籍版本入門』の第四章「書籍の装訂の発展」4「紙本の装訂（冊子形式）（3）線装」の中で、

書籍に線装を用いることは、宋代においてすでに存在していた、という人がいる。この問題に関しては、証拠になる文献が存在しないので、あえて賛成はしない。ただ、確かめられる証拠が存在するのは、大体、明の中葉すなわち十五世紀においてであって、誰かがこの方法を採用し、清代の初めにいたって、非常に盛んになったのである。

と、線装本（綫装）は、宋代に存在したという学説もあるが、あえて賛成しない。確実なのは明の中葉十五世紀の遺品が見られるとされている。[5]

宋代に、線装本が存在したとされているのは、長澤規矩也氏で、氏は宋代の王洙（九九七〜一〇五七）の『王氏談録』に見える、

公言、作㆓書冊㆒粘葉為㆑上、雖㆓歳久脱爛㆒、苟不㆓逸去㆒、尋㆓其葉次第㆒、足㆑可㆓抄録次叙㆒、初得㆓董子繁露数

巻一、錯乱顛倒、伏読歳余、尋二繹綴次一、方稍完復、乃縫綴之弊也、嘗与二宋宣献一談レ之、公悉命二家所録書
作二粘法一、

という記事、及びこの記事を抄出した張邦基『墨荘漫録』四から、縫綴及び縫績と呼ばれる装訂方法を線装本と考えられた[6]。しかしながら、縫綴及び縫績という装訂は、筆者が本篇第二章で指摘したように、室町時代後期から江戸時代に大和綴と称呼された列帖装のことであると考えられる[7]。したがって、山岸・陳両氏が言及されているように、線装という装訂は、宋代以後、遺品から考えると、確実には明代頃に開発されたと考えてよいように思われる。

右記のように、線装という装訂形態は、明代に開発されたと考えられているが、宋代以前、唐末五代にすでに存在していたとする研究がある。それは、李致忠・呉芳思両氏の「古書梵夾装、旋風装、胡蝶装、包背装、綫装的起源与流交」の「五、綫装」という論文である[8]。両氏は、

綫装書之得名来自用綫縫績装訂書冊。過去一般的説法、認為這種装幀起自明朝中葉以後。其背景是針対包背装經不起經常翻閲而採取的改進措施。這種説法、通常也可以認為是對的。但從用綫縫績、装幀書冊的特點出發、説是綫装書起自明朝中葉以後、那就不大符合歴史事實了。

と、過去一般に、線装は明代中期にできたとされてきたが、歴史的事実に合致しないとされている。そして、前掲王洙の『墨荘漫録』を引用し、

足見他生活的時代以前、書籍装幀確曾有過綫装的形式。然而這只是文獻的記載、史実上如何呢?有没有實

物流存呢？過去對這箇問題做不出有力的回答。

と、縫綴をその字義から綫装と考え、王洙が在世していた以前、即ち宋代以前に、線装本がすでに存在していた。しかし文献から考察できるのみであり、史実ではどうであろうか。実物は存在するのであろうか、と自問し、これまでにこの問題に関して有力な回答はなかったとされている。その後、

現在我們從大英圖書館東方部所藏敦煌遺書中發現了若干種綫装書冊實物、現舉凡例、便可從實物的角度進一步証明這箇問題。

と、大英図書館所蔵スタイン収集敦煌文書中の冊子を、宋代以前の線装本の実例としてあげられている。線装本の実例としてあげられているのは、『敦煌遺書総目録索引』①S五五三四号・②S五五三一号・③S五五三六号・④S五五三九号・⑤S五五三五号・⑥S五六四六号・⑦S五五五四号の七冊である。この中で糸が今日もなお残存しているのは、②③⑥⑦であるという。右の中で、糸のかがり方に関する書誌的記述を見てみよう。

②「佛説地藏菩薩經　佛説続命經　摩利支天經」（中略）這件東西的装幀方式、在右邊沿書脊打四孔、用絲綫縄在書内騎馬式竪穿、在書外脊處横向索綫。很類似現代平精装書的索綫方式、

③「金剛般若波羅密經」（中略）在右邊沿書脊両箇眼、在眼書横索書脊、且在書的外表竪穿、在下方眼處系胡蝶扣結死。此件装幀完好無損、装綫猶存。

⑥「金剛般若波羅密經」（中略）其装幀是在書的右邊沿書脊穿三箇孔、用両股拧成的絲綫縄、横索書脊、

并沿書脊竪穿、最後在中間孔處起胡蝶結。

⑦「妙法蓮華經施羅尼品」（中略）這件東西的装幀、是在書之右邊沿書脊居、中鑿両箇孔、然後用両股拧成的絲綫縄、横索書脊、竪穿書脊、在兩孔中間的書脊上打起胡蝶結、此件迄今装幀完好、装綫猶存。

これらの製作年代は、②は最末の落款から後梁貞明六年（九二〇）、③が料紙などから五代頃、⑥が巻尾の年付から宋代開宝二年（九六九）、⑦も巻尾の年付から後唐天成四年（九二九）であるという。右記を読む限り、いずれもが、書背で綴糸が結ばれているのが確認される。つまり今日の線装本とは、大いに異なる装訂なのである。さらに、李・呉両氏は、料紙の用い方即ち仕立て方（装）まで明記してはいないが、これらの図書の仕立て方は、列帖装（綴葉装）であった可能性が高い。なぜなら、李・呉両氏と同様、大英図書館所蔵のスタイン将来敦煌文書を調査し、八一〇二点中列帖装で仕立てられた図書十点の存在を確認された仲井徳氏は、李・呉両氏が綫装本とする②S五五三一号図書が、列帖装であることを確認されているからである。(9) 仲井氏は、この他にも、李・呉両氏は言及されていないが、現在は包背装に改装されているS五四六七も、元来列帖装であったことを報告されており、糸を用いた大英図書館架蔵敦煌文書が、今日いうところの線装本ではなく、列帖装であることを明らかにされている。そうすると、李・呉両氏のように大英図書館架蔵の糸を使用した冊子を、

由上述文獻和實物、均可証明中国綫装書并不是起源于明朝中葉、而是起源唐末至北宋初這幾十年間。

と、唐末五代から北宋頃に、線装本が起源する明証とはいえないのではなかろうか。李・呉両氏は、敦煌文書

に顕著な列帖装を、

中間經過人們的比較、這種綫裝方法曾被冷落并淘汰了四五百年。

と、その後四五百年間淘汰してしまったとされ、さらに、

但明朝的綫裝、較之唐末五代及北宋初年的綫裝書、在折葉、訂綫等方面都不完全相同

とあるように、唐末五代及び北宋初年の線装本は、明朝時代のものと比較して訂綫などが同じではないとされているにもかかわらず、

可是在用綫裝訂這一點上、則又在本質上是完全相同的。

と、綫を使用して装訂する点において、やはり本質上同じであると結論づけられている。李・吴両氏は、糸の使用の有無からのみ、図書の装訂を考えられ、列帖装から粘葉装へ、そして袋綴じの線装本の開発という、装訂の歴史的展開を閑却されている。

列帖装（綴葉装）から、いきなり今日みられるような袋綴じの線装本が生まれたのではなく、その間には決定的な断絶がある。仲井氏も、

綴葉装で両面印刷を行った場合どうなるか。葉子を重ねて半折し糸で綴じたものであるから印刷の面付けが大へん複雑になる。―中略―この複雑さ故に、中国では印刷術の発展とともに線装が主流になり、粘葉

装、綴葉装は用いられなくなったと考えられる。

と指摘されているように、その断絶の原因は、唐代から五代に開発された印刷技術にあったと考えられる。

列帖装は、両面書写の遺品が多いことから、元来書写用の冊子として開発された可能性が高い。唐末五代に印刷術が開発隆昌するようになると、仲井氏が指摘されているように印刷の面付が、煩雑である列帖装は、印刷に適合しないがゆえに、徐々に淘汰されていったものと思われる。そして、この列帖装に取って代わったのが、一枚の紙の表面のみに印刷し、それを谷折りにして、糊で粘合する粘葉装であった。粘葉装の片面印刷の遺品が多いことは、このあたりの事情を裏付けているといえよう。

ここで注意しなければいけないのが、『王氏談録』にみられる縫綴を粘法で改装したという記事である。いくつかの帖葉を重ねたものを、一枚一枚にして、谷折りになっていたものを山折りになおしても、読書に不便であることにかわりはない。これは、仲井氏が、現在は包背装に改装されている大英図書館の敦煌文書S五四六七が、元来は列帖装であったことを報告されていることに明白なように、列帖装の糸をとり、糊を用いて包背装にしたことを物語っているとは考えられないであろうか。

さて、粘葉装が、損壊した時に、谷折りを山折りにし、紙縒などで下綴すれば、容易に、袋綴となる。それをさらに一枚の紙で、糊を用いて書背からくるめば包背装になる。我が国の五山版に包背装の遺品が多いのも、また敦煌文書の遺品中に袋綴の包背装が見られるのも(10)、這般の事情があったものと推測される。つまり、今日見られる袋綴の線装本が成立するには、粘葉装という装訂を、その前提としなければならない。すなわち、数枚の折った料紙からなる帖葉を糸で綴じる列帖装を、今日の線装本の淵源とは、構造上考えられないのである。糸を使用しているだけで、線装本であるとは速断できない。線装という装訂用語を使用する際には、充分な注意が必要であるといえよう。

四、『王文公文集』の原装

ところで、現在、上海博物館と宮内庁書陵部に、王安石の『王文公文集』が架蔵されている。前者の紙背文書から、この版刻過程を研究された塩井克典氏は、両書は同版であり、舒州で千百年代中葉すなわち南宋時代に印刷されたことを解明された(11)。紙背文書が料紙として使用されているのは、塩井氏が確認されているように上海図書館架蔵本のみで、書陵部架蔵本は新紙に印行されている。いずれも、現装は線装の袋綴であるが、特に、上海図書館架蔵本が紙背文書を用いていることなどから、元来の装訂が線装であったのではなかろうか、という声も研究者の間にある。そうなると、前章までの筆者の見解は、雲散霧消してしまう。そこで、上海図書館架蔵本と同版と考えられる書陵部に残されている『王文公文集』の装訂を検討し、その原装を解明してみたい。

宮内庁書陵部架蔵の『王文公文集』は、架蔵番号四〇四・四一で、その書誌的記述は、『図書寮漢籍善本書目』に、

王文公文集　一百巻十四冊

宋刊本前後無序跋、不題編者名氏、現存七十、巻一至八書、巻九宣詔、巻十至十四制詔、巻十五至廿一表、巻廿二至廿四啓、巻廿五伝、巻廿六至卅三雑著、巻卅四卅五記、卅六序、卅七至五十一古詩、五十二

至七十律詩、其詩文間有今本佚載者、左右雙辺毎半葉十行、行十七字、界高六寸七分、幅五寸、版心上魚尾下記文集幾、下魚尾下記丁数刻工名氏、巻中遇構字下注御名、則刊于南渡之初、雕刻至佳、毎冊首有「賜蘆文庫」印、同首尾捺「金澤文庫」「心華蔵書」印、又巻廿九卅三尾捺「顔氏家蔵」印、(句読点筆者)

とあり、『図書寮典籍解題』に、

王文公文集　十四冊　宋版　四〇四・四一

残存巻一至七十(或はもと百巻という)。宋　王安石撰。毎半葉十行、毎行十七字。白口、刻者名あり。左右雙辺、匡郭内、縦二十・三糎、横一四・八糎。眩・驚・殷などの宋諱を闕画し、太祖・陛下・聖旨等の字には上一、二字を空格にし、又〈英宗旧名〉等と注記する。殊に構字において〈御名〉と二字を注記するによつて、本書の昭興刊本たるを知り得る。序・目を欠く。刊印精善である。もと金沢文庫に伝えたものでその墨印があり、他に「賜蘆文庫」〈新見正路蔵書印〉と「顔氏家蔵」〈巻二十末〉との印章がある。

とある。両書の記述で、『王文公文集』の書誌的記述は充分であると思われるが、筆者が実見した際に気付いた点を以下に記す。

巻頭書名は「王文公文集」。現装は袋綴で四ツ目綴の線装本。料紙は楮紙。綴代は一・一糎で、綴の中央の幅が狭い唐本仕立てではない。各冊いずれにも表紙と本文の間には遊紙があり、その紙質は本文のものとは相違する。各冊表紙左上部に縦一九・六糎、横三・五糎の題簽が貼られてあり、そこには「王荊公集」とある。

なお、一冊目の題簽の「王荆公集」の「荆」字には、横に朱で「文」と訂正してある。

各冊には、一冊目に巻第一～巻第三が、二冊目に巻第四～巻第八が、三冊目に巻第九～巻第一四が、四冊目に巻第一五～巻第一七が、五冊目に巻第一八～巻第二二が、六冊目に巻第二十三～巻第二十六が、七冊目に巻第二十七～巻第三十が、八冊目に巻第三十一～巻第三十三が、九冊目に巻第三十四～巻第三十九が、十冊目に巻第四十～巻第四十三が、十一冊目に巻第四十四～巻第五十が、十二冊目に巻第五十一～巻五十六が、十三冊目に巻第五十七～巻六十三が、十四冊目に巻第六十四～巻第七十が、所収されている。

蔵書印は、いずれも角印で、旧蔵書印である「金澤文庫」印・「賜蘆文庫」印・「顔氏家蔵」印・「心華蔵書」印と、現蔵書印である「宮内省図書印」が捺されている。中でも「金澤文庫」印は、関靖氏が正印第三類重郭肉細印第二号印とされるものが捺されている[12]。その「金澤文庫」印の押捺されている箇所は、以下のとおりである。

（「金澤文庫」印押捺位置表）

第一冊	巻第一　首葉五行目・巻第三　巻末七行目
第二冊	巻第四　首葉二行目・巻第八　巻末十二行目
第三冊	巻第九　首葉巻頭下・巻第十四　巻末題下
第四冊	巻第十五　首葉二行目・巻第十七　巻末二十行目
第五冊	巻第十八　首葉二行目・巻第二十二　最終葉本文中四行目
第六冊	巻第二十四　三丁目後半葉本文中十六行目・巻第二十五　一丁目後半葉十二行目
第七冊	巻第二十七　首葉五行目・巻三十　巻末題下

第八冊	巻第三十一　首葉巻頭下・巻第三十三　巻末二十行目
第九冊	巻第三十四　首葉巻頭下・巻第三十九　七丁目本文中十三行目
第十冊	巻第四十　首葉巻頭下・巻第四十三　巻末題下
第十一冊	巻第四十四　首葉巻頭下・巻第五十　巻末題下
第十二冊	巻第五十一　首葉巻頭下・巻第五十六　巻末題下
第十三冊	巻第五十七　首葉巻頭下・巻第六十三　巻末題下
第十四冊	巻第六十四　首葉巻頭下・巻第七十　巻末題下

次に、重郭の「賜蘆文庫」印であるが、これは『図書寮典籍解題』にあるように、江戸幕末の幕臣で、蔵書家としても知られる新見伊賀守正路（一七九一〜一八四八）の蔵書印である。これは、各冊巻首に捺されており、正路が本書を江戸後期に架蔵していたことがわかる。現在静嘉堂文庫に架蔵されている弘化二年（一八四五）春三月に改訂と考えられる正路の蔵書目録『賜蘆書蔵書目』の漢籍篇である「賜蘆書院蔵書番附目録」の集部には、

王文公集　〈北宋版　金澤文庫本　十五番〉　十四

と見え、正路が架蔵していたことが明白である。[13] 右書目によれば、正路は、この他にも『文選集注』残本と『日本書紀神代之巻』という、二部の金澤文庫本を架蔵していたことが確認される。また、書目には見えないが、関氏によれば、静嘉堂文庫所蔵の『南華真経注疏』と東大図書館所蔵の『元氏長慶集』という金澤文庫旧

蔵本にも「賜蘆文庫」印が認められ、これらも正路の旧蔵本であったことがわかる。(14)

次に「顔氏家蔵」印であるが、これは顔氏の蔵書印であり、その氏名から邦人のものではなく、中国人のものであると考えられる。ほぼ正方形の単郭印で、押捺されている箇所は以下のとおりである。

（「顔氏家蔵」印押捺位置表）

第一冊	巻第三　十六丁目後半葉
第三冊	巻第十三　十二丁目後半葉
第五冊	巻第二十　十八丁目後半葉
第七冊	巻第二十九　十三丁目後半葉
第九冊	巻第三十六　十五丁目後半葉
第十一冊	巻第四十七　九丁目後半葉

次に「心華蔵書」印であるが、印文の判読の困難なものである。ここでは先学の判読にしたがったが、二冊目を除き、各冊の首尾に押捺されている。

さて、以上が書陵部架蔵の南宋刊本『王文公文集』に確認できる蔵書印と、その押捺箇所であるが、本書の原装を考える手懸かりとなるのが中国人のものと推測される「顔氏家蔵」印である。実は、上記六箇所確認される印記の、それぞれの前半葉には印記の文字が反転した鏡移りの痕跡が見られるのである。後半葉に印が捺され、その前半葉に印記の鏡移りの痕跡があるということは、元々料紙が谷折りとなっていたことの徴憑といえよう。印を捺した後、朱が乾ききらないうちに本を閉じたため、前半葉に反転した印記が付着し、痕跡が残存したものと推測される。その料紙を改装する際、谷折りを山折りに改めたため、現在見開きでは後半葉を確認できない前半葉に、印記の鏡移りの痕跡が見られるのであろう。ということは、南宋刊本『王文公文集』の原装は、谷折りにした料紙を糊で粘合した粘葉装であったということになる。

つまり、書陵部蔵『王文公文集』は、元来粘葉装（中国名胡蝶装）で装訂され、顔氏が所蔵していた時期があった。その後我が国に舶載され、金澤文庫の所蔵となったと考えられるのである。

ところで、本書の「金澤文庫」の印記であるが、前述のように関靖氏によれば、正印第三類重郭肉細印第二号印であるという。関氏によれば、第三類印は金澤貞顕時代に使用されたものであるという[15]。本書の印記は、首の後半葉、尾の前半葉に、それぞれ鏡移りの痕跡はないから、第三類印が押捺されたときには、現装の線装の袋綴になっていたと考えられる。そうすると、鎌倉時代末期の貞顕時代には、線装の袋綴という装訂が存在したこととなり、明代頃より線装の袋綴が開発されるようになるという筆者の見解は動揺せざるを得ない。

しかしながら、これは杞憂であるようである。周知のように、古くから金澤文庫印や、その使用時期については議論がある。この第三類印が押捺された時期も、関氏が推測された時期より、実はかなり降る可能性が高い。太田晶二郎氏は、関氏が正印第三類第八号印とする印記のある尊経閣所蔵の『孔子家語』を検討され、山城喜憲氏が同書を朝鮮李朝端宗五年（一四五五）印字本の復刻整版であることをつきとめられたのを受け、同じ印記のある同じく尊経閣所蔵『春秋左氏音義』や宮内庁書陵部蔵『春秋経伝集解』をも考察し、関氏の正印第三類第八号印とする「金澤文庫」印は鎌倉時代に上るような古印ではないとされている[16]。さらに、書陵部蔵『春秋経伝集解』の原装と蔵書印について考察された櫛笥節男氏も、太田説を支持、裏付けられている[17]。二号印と八号印の相違はあるものの、尊経閣所蔵『孔子家語』も、書陵部蔵『王文公文集』も同じ第三類印である。そうすると、書陵部蔵『王文公文集』の金澤文庫印は、同書が我が国に舶載され、粘葉装から現装の線装袋綴に改装された後に、押捺された可能性が高く、それは室町時代頃であったと推測されるのである。

さて、書陵部蔵南宋刊本『王文公文集』は、原装が粘葉装であったことが確認された。したがって、同版である上海博物館蔵『王文公文集』も紙背文書を有するとはいえ、やはり原装は粘葉装であったろう、と考えるのが自然であるように思われる。すなわち、現在袋綴の線装で装訂されている本書をもって、宋代に袋綴の線装本が存在していた徴証とは、考えられないのである。

五、結語

本稿では、『駿府政事録』慶長十九年（一六一四）七月十六日条に見える「鐵杖閉」という用語を結び綴の別名とし、今日の中国の書誌学用語の使用について触れた。すなわち、中国には、敦煌出土の列帖装（綴糸の用い方は我が国の列帖装とは異なるが、料紙を数枚重ね帖葉とし、それを糸で綴じてある）と推測される装訂を、糸使用という共通点のみから、袋綴の線装本と厳密に区別せず、綫装と称呼し、後者を前者の系譜関係の延長線上に把握する学説がある。しかしながら、第三章で触れたように、同じく糸は使用するものの、列帖装と線装には系譜関係はなく、線装本開発の前提には粘葉装が存在すると考えられる。すなわち、印刷技術の発明・展開の結果、面付が困難で印刷に不向きなことから列帖装が淘汰され、印刷に適合した粘葉装が隆昌し、粘合が剝離するに及んで、谷折りを山折りに改め、包背装を経、やがて袋綴の線装本が開発されたと考えられる。つまり、同じく糸を使用するとはいいながら、唐末五代の列帖装と後世の線装本の間には断絶があるのである。

最後に、宋代の刊本であり、現装が袋綴線装本である書陵部所蔵『王文公文集』と、右と同版と考えられる上海博物館所蔵の『王文公文集』の原装が、粘葉装であったであろうことを指摘。袋綴の線装本という装訂は、宋代にはいまだ開発されていなかったであろう、という結論に至った。以上甚だ蕪雑な論考であり、筆者が基本的な誤認を犯している可能性もないわけではない。博雅の叱正をいただければ幸甚である。

注

（1）「和図書装訂研究史の諸問題—大和綴を中心に—」（『國學院雑誌』一〇五四号　平成七年）。「列帖装の淵源と我が国に於けるその称呼」（『図書館情報大学報告』一四—二　平成七年）。
（2）櫛笥節男「大和綴について—歴史史料からの検証—」『書陵部紀要』第四八号　平成八年）。
（3）藤本孝一「古写本の姿」（『日本の美術9』No.四三六　平成一四年）。
（4）山岸徳平『書誌学序説』（昭和五二年）。
（5）陳国慶『漢籍版本入門』（沢谷昭次訳　昭和五九年）。
（6）長澤規矩也『書誌学序説』第二篇「形態」第二章「形態の変遷」（昭和三十五年）。
（7）注（1）前掲論文。
（8）李致忠・吴芳思「古書梵夾装、旋風装、胡蝶装、包背装、綫装的起源与流交」（『装訂源流和補遺』一九九三年）。
（9）仲井徳「図書装訂史について—粘葉装と綴葉装を中心に—」（『私立大学図書館協会会報』九一　昭和六三年）。
（10）川瀬一馬『日本書誌学用語辞典』（平成二年）「袋綴」。
（11）塩井克典「所謂〝漢籍紙背文書〟による書籍版刻過程の考察—宋版『王文公文集』を例として—」（『漢籍研究』No.六平成八年）。塩井氏は、この論考の中で、書陵部所蔵の『王文公文集』は、一一五一年以前に印行され、上海博物館所蔵の『王文公文集』は、紙背文書から一一六三・四年以降に印行されたものと考証されている。
（12）関靖『金澤文庫の研究』第三章「金澤文庫印」（『日本教育史基本文献・史料叢書』一七　平成四年　初出昭和二六年）。
（13）静嘉堂文庫架蔵『賜蘆書蔵書目』三冊。架蔵番号一三四六四—三—七九五四。四ツ目綴線装本。表紙黄色、花菱浮文、静嘉堂の文字あり。縦二七・二×横一九・一糎。書根に「賜蘆文庫蔵書目上・中・外」とある。巻頭に「賜蘆書蔵書目」とあり、右下方に「静嘉堂蔵書」の印記がある。題簽（四周双辺）も同じ書名で「一・二・三」とある。書名の下に伝来や、装訂に関する若干の記述が見られる。なお、書名は『国書総目録』には「賜蘆文庫蔵書目」とある。

(14)　関靖「金沢文庫本図録」（日本書誌学大系一九『金澤文庫本之研究』第三部　昭和五六年　初出昭和一一年）。

(15)　注（12）前掲書。ところで、関氏によれば、金澤文庫印の押捺位置は「普通首尾一個所宛で、題名の下に文字を避けて捺してある。稀に、中印を使用したものもある」ということである。書陵部蔵『春秋経伝集解』の金澤文庫印の押捺位置を調査された櫛笥氏は、注（17）論文で、金澤文庫印の捺された当時の冊・巻立を再現されている。関氏・櫛笥氏の研究を前提に、本文の「金澤文庫」印押捺位置表を見てみると、第六冊が巻第二十三から巻第二十六を所収しているにもかかわらず、巻第二十三の首尾には印記が見られない。巻第二十四三丁目後半葉の本文中十六行目に印記が見られ、尾に当たる巻第二十六にはこれも印記が見られず、巻第二十五の一丁目後半葉に印記が見られるのである。第五冊も第七冊も、首尾に印記が確認できるので、第六冊目の押捺位置の異常さが際立つばかりで、押捺時の冊・巻立を考えることはここからはできない。今後の検討課題にしたいと思う。

(16)　太田晶二郎「金澤文庫〝正印第三類第八号印〟は古印ではなからう」（『太田晶二郎著作集』二、平成三年初出　昭和六〇年）。

(17)　櫛笥節男「書陵部蔵南宋版『春秋経伝集解』の原装と蔵書印について」（『書陵部紀要』第三八号　昭和六二年）。

付記　本稿執筆に際しては、静嘉堂文庫に『賜蘆蔵書書目』閲覧の便宜をはかっていただいた。また書陵部蔵『王文公文集』の閲覧に際しては、宮内庁書陵部の高田義人・櫛笥節男両氏に便宜をはかっていただき、さらに櫛笥氏には数々の貴重な御教示をいただいた。また、中国語の翻訳には、藤田梨那国士舘大学教授に御教示いただいた。関係諸機関並びに各氏に末筆ながら記して謝意を表したい。

自跋

我が国の書物は、表紙に絹や羅を用い、文様を施し、閉じ糸や見返し等にも金泥などで気を配るなど、総合芸術作品と言っても過言ではない。本阿弥光悦の嵯峨本が代表的ともいわれるが、古活字本でありながら、装訂に贅を凝らしているものもある。すなわち、情報を伝えることが、その主たる目的ではなかったのである。

さて、吉澤氏が夙に指摘されているように、古くは糸を用いようが、糊で粘合しようが、いずれも双紙・草子・冊子・策子等と呼ばれ、装訂によって図書を同定識別しようという認識は希薄であったように思われる。近世以後特にそれ以前の室町時代後期に唐綴が渡来して以降、装訂により図書を同定識別しようという認識が興ってきたように思われる。ある面でいえば、装訂や諸本によって図書を考察しようという研究は、一部の階級を除いて、古そうに見えて新しいものといえるのではなかろうか。自序で言及したように、本書は第一篇と第二篇から構成されている。第一篇「概説篇」は、図書学とは、日本の図書学の歴史、中国における図書学研究のはじまり、中国における解題・分類の淵源、木版印刷のはじまり、百万塔陀羅尼、書物の装訂、書写本、版式内の名称、版心に関する用語と実例、書誌的事項の採り方や実例等を初学者にも理解しやすいように先学の驥尾に付して執筆した。従って専門家の方々には物足りなさを感じられるむきもあるかと思われる。何卒御海容頂きたい。

ところで、大和綴の論考に見たように、料紙を山折りにしても、帖葉にしても、結び綴に装訂することはできる。もちろん、後に綴葉装といわれる装訂が修補された時にそうなったものも存在する。同様に粘葉装の糊が剝離し、谷折りを山折りにして袋綴にされたものも、多数存在する。今後は、そうした点も踏まえて図書学研究が行わなければならないであろう。つまり、外見だけからでは、図書学研究はできない。近年料紙研究が盛んになってきたが、慶賀すべきものと思われる。そうした研究を踏まえ図書学は初めて成立するのではなかろうか。数十年前より、情報、情報といわれてきたが、今日の紙媒体の図書にも、内容に相応しい装訂が施されている。情報のみに一方的に傾斜するのは、数千年にわたる図書の研究を考えると、やはり十全とはいえない。一つ一つに目を凝らす必要があろう。

本書で述べたとおり、書誌用語には同名異物や異名同物のものが多い。この点は日本図書館協会等が歴史的事実を踏まえ、新たに整理する必要があるように思われる。歴史的な称呼を前提に、新たに形式などから大胆に整理する必要があるのではなかろうか。そうしなければ、国文の立場、歴史学の立場で、その正当性を首唱するので、図書を整理する現場はますます混乱するばかりである。

さて、本書を刊行できたのも和泉新・志村尚夫・木野主計等の図書館情報大学や國學院大學の先生方の御指導・御鞭撻があってのことである。先生方の謦咳に接することがなければ、到底本書を世に出すことはできなかったであろう。記して謝意を表します。

また、図書の閲覧の便宜や、専門家ならではの見識を持たれた図書館・文庫の職員の方々にも大きなご教示を頂いた。これも記して謝意を表します。

本書の校正には三澤勝己・山口洋両氏に御尽力いただいた。特に三澤氏には原典にまで当たっていただいた。両氏にも記して謝意を表します。

最後に、本書刊行のため様々な御尽力を頂いた成文堂の石川真貴氏にも厚く御礼申し上げます。

平成二十三年十月二十三日

図版出典・初出一覧

概説篇

図1　百万塔陀羅尼　長澤規矩也著『図解 書誌学入門』《図書学参考図録入門篇4》七七頁（汲古書院、昭和五一年）
図2　銀雀山出土漢代竹簡　長澤規矩也著『図解 書誌学入門』《図書学参考図録入門篇4》三〇頁（汲古書院、昭和五一年）
図3　金剛般若経　和泉新氏提供
図4　親行本新古今和歌集（貴一十五～十六）　國學院大學図書館所蔵
図5-1　和本と唐本　著者蔵本
図5-2　漢籍目録法の線装本の図　和泉新編「漢籍目録法」による
図6-1　万葉集（表紙）　お茶の水図書館所蔵『万葉集』（旧西本願寺所蔵）
図6-2　十二月花鳥和歌　著者蔵本
図7　新嘗祭儀　著者蔵本
図8　版心の名称と各種魚尾の図　和泉新編「漢籍目録法」による
図9　職原抄　著者蔵本
図10　壽詞文（表紙）　國學院大學図書館所蔵
図11　壽詞文（本文）　國學院大學図書館所蔵
図12　壽詞文（巻末）　國學院大學図書館所蔵

論考篇

第1章　和図書装訂研究史の諸問題―大和綴を中心に―　國學院大學編「國學院雑誌第九十六巻第一号」（平成七年一月一五日

発行）藤森馨「和図書装訂研究史の諸問題―大和綴を中心に―」一〇六頁

図版

大和綴Ａ　財団法人京都府文化財保護基金理事長吉岡勉編『改訂増補文化財用語辞典』（平成元年三月一七日発行）四二七頁「大和綴」

大和綴Ｂ　日本国語大辞典第二版編集委員会小学館国語辞典編集部編『日本国語大辞典第二版第十三巻』（二〇〇二年一月一〇日発行）二二六頁「大和綴①」

第２章　列帖装の淵源と我が国に於けるその称呼　図書館情報大学研究報告編集委員会編「図書館情報大学研究報告一四巻二号」（平成八年三月一五日発行）藤森馨「列帖装の淵源と我が国に於けるその称呼」九頁

図版

（１）、（２）　金剛般若経　和泉新氏提供

（３）、（４）　親行本新古今和歌集（貴一十五～十六）　國學院大學図書館所蔵

第３章　湯島聖堂旧蔵徳川光圀献上本の所在確認と装訂―結び綴の意義―　財団法人大倉精神文化研究所編「大倉山論集第三十七輯」（平成七年三月三一日発行）藤森馨「湯島聖堂旧蔵徳川光圀献上本の所在確認と装訂―結び綴の意義―」一三三頁

図版

（１）　旧事紀（表紙、識語Ａ、識語Ｂ、光圀自署）　国立公文書館所蔵

（２）　古事記（表紙、識語、光圀自署）　国立公文書館所蔵

（３）　日本書紀（表紙、光圀自署）　宮内庁書陵部所蔵

（４）　続日本後紀（表紙、識語、光圀自署）　国立公文書館所蔵

（５）　続日本紀（表紙、識語、光圀自署、識語）　国立国会図書館所蔵

第４章　列帖装と線装本―宮内庁書陵部蔵南宋刊本『王文公文集』の原装にも触れて―　國士舘大學漢學會編「國士舘大學　漢學紀要第五號」（平成一五年三月二〇日発行）藤森馨「列帖装と線装本―宮内庁書陵部蔵南宋刊本『王文公文集』の原装にも触れて―」四三頁

に

は

ひ

ふ

へ

ほ

ま

み

む

も

け

こ

さ

し

人名・書名索引

著者紹介

藤森　馨（ふじもり　かおる）

昭和33年東京都品川区生れ。
国士舘大学文学部教授
國學院大學大学院文学研究科博士課程後期修了
博士（文学）博士（宗教学）
『改訂増補　平安時代の宮廷祭祀と神祇官人』原書房　2008年
『平安時代の神社と祭祀』（共著）国書刊行会　1986年
『訳注日本史料「延喜式」上』（共著）集英社　2000年
『日本神道史』（共著）吉川弘文館　2010年

図書学入門

2012年3月10日　初　版第1刷発行
2022年9月30日　初　版第3刷発行

著　者　藤　森　　馨
発行者　阿　部　成　一

〒162-0041　東京都新宿区早稲田鶴巻町514番地
発行所　株式会社　成　文　堂
電話 03(3203)9201　FAX 03(3203)9206
http://www.seibundoh.co.jp

製版・印刷　シナノ印刷　　製本　弘伸製本

ISBN978-4-7923-7094-7 C3095　　検印省略

定価（本体2300円＋税）